DELICIOUS HOME COOKING FOR MEN

MEN'S ホームクッキング

ビギナーでも、この1冊でおうちレストラン

米澤文雄

米澤流、
モダンホームクッキング

料理には男性向けも女性向けもありませんが、それでもぜひ男性に料理にトライ
してもらいたい、という気持ちでこの本をつくりました。

テーマは、「こんな料理を自分でつくれたら」。

だれかに自慢したくなる、家族に喜ばれる、友だちを招きたくなる。ぼくの周り
にたくさんいる「食べること・おいしいものが大好きで、料理ビギナーな男性た
ち」を頭に思い浮かべながら料理をセレクトしました。

メンズが休日に腕まくりしてつくりたくなる──皆が大好きなハンバーグや唐揚
げ、定番の洋食や本格イタリアン、ニューヨークテイストの軽食など──46品
です。どれも特別な材料は使わず、市販のスープの素も使いません。それなのに
仕上がりはだれもが大好きな王道の味、しかもちょっとプロ級なおいしさです。

ぼくには、料理をするうえでいちばん大切にしている「おいしさの法則」という
ものがあります。本書のレシピにこの法則を見つけることができます。なにげな
い下ごしらえや加熱のプロセスの中にある大事なポイントで、そこを押さえれば
おいしさがワンランクもツーランクも上がります。ぜひこのポイントに迫り、お
気に入りの得意料理を見つけてください。

この本には我が家のメニューも登場します。自宅にいる日はぼくが料理をしてい
ますが、コロナ禍のステイホーム期間中はよく子どもと一緒に料理をつくりまし
た（そのときのメニューがこの本をつくるきっかけになりました）。本書で料理
に目覚めたパパたちには、ぜひお子さんと一緒に料理をすることをお勧めします。
子どもにとっても親にとっても「みんなでつくり、みんなで食べる」は楽しいイ
ベントです。食育という点でもこれ以上の機会はないと思います。

メンズ料理は自分のため、そして家族のため。おいしさへのトライから最高のコ
ミュニケーションが生まれます。

米澤文雄

Contents

Chapter. 1
我が家の肉料理をきわめる！

Chapter. 2
魚介料理、レストランに負けません

撮影協力　米澤美風 / 米澤希風

撮影　　　八田政玄
イラスト　太公良 (grAphic tAkorA)
　　　　　©2023grAphic tAkorA
デザイン　根本真路

校正　　　村山知子 / 網本祐子
編集　　　木村真季 / 齋藤立夫

② ③ ④

レシピを読む前に

① 材料表にある「〜人分」は目安です。何人分かを記していないものは「つくりやすい量」です。

②「オリーブオイル」は、エクストラバージンオリーブオイルを使用しています。

③「サラダ油」は「香りにクセのない植物油」のことです。キャノーラ油、紅花油、ひまわり油、グレープシード油など、お手元にあるもので。

④「ホールトマト（缶）」「カットトマト（缶）」は、水煮したトマト（ホール）、湯むきしてざく切りしたトマト（カット）をジュースやピューレに漬け込んだものです。

⑤ バターは有塩を使っています。とくに記載がない限り、無塩でもかまいません。

⑥ 分量表記のない材料は「適量」です。分量にある「1つまみ」は、親指・人差し指・中指でつまんだ程度の量。「塩1つまみ＞塩少々」です。

⑦ 野菜の基本的な下処理（洗う、皮やヘタを取る、タネを除く……など）についてはとくに書いていません。

⑧ 温度、火加減、加熱時間はおおよその目安としてください。調理機器によっても条件が変わります。

協力：キッコーマン株式会社

本書で使用した
おもな調理器具

この本の料理には特別な道具は必要ありません。家庭用の包丁、まな板、ボウルなどの基本道具のほか、以下のキッチン用品を使用しました。このほかオーブン、ミキサー、トースター、炊飯器（すべて家庭用）を使用しています。

焼く、炒める、煮る

フライパン
直径 24cm・高さ 6.5cm
テフロン（フッ素樹脂）加工＋蓋

フライパン
直径 20cm・高さ 4cm
テフロン加工

おたま

フライ返し

片手鍋
直径 20cm・高さ 10cm
テフロン加工＋蓋

片手鍋
直径 16cm・高さ 7.5cm
テフロン加工

つかむ、混ぜる、のばす

トング

泡立て器

ゴムべら

麺棒

切る、おろす

おろし器
スライサー

ピーラー
（皮むき器）

はかる

デジタルスケール

計量スプーン
大さじ＝ 15ml
小さじ＝ 5ml

計量カップ
200ml

こす

さらし布
スープをこすのに使用

おもなハーブとスパイス

イタリアンパセリ

葉の平らなパセリ。ちぢれたパセリはよりクセが弱く、スッキリとした香りが料理にイキイキ感を与えます。使用機会の多いハーブ。

イタリアンパセリを料理にふりかける場合は、小さな四角形になるよう粗きざみしています。きざむのは、料理に加える直前です。

ディル

太い軸から房をはずし、小さな房単位で、または葉をきざんで使います。

バジル

葉を軸からはずして、きざんで使用。

タイム

本書レシピではフレッシュを使用。加熱して使う場合は軸ごと鍋に入れ、仕上がり時に取り出します。

ローズマリー

フレッシュのものを使用しています。タイムと同様、軸のまま鍋に入れて料理に香りを移し、仕上がり時に取り出します。

ローリエ（ベイリーフ）

スープや煮込みの鍋に入れる際は、1枚そのまま入れて香りを移します。

ドライオレガノ

オレガノの葉を乾燥し、パウダー状にしたもの。

おいしさのグレードのアップのためにぜひ使っていただきたいのがハーブとスパイス類。その料理の個性を与える存在です。もちろん香りや刺激には好みもあるので、必要に応じて適宜加減してください。

フェンネルシード
ウイキョウ独特の甘い香りが特徴です。

クミンシード
テンパリングする（油で炒める）と香りがグッと出てきます。クミンパウダーを使用するレシピもあります。

サフラン
サフランという花のめしべ。ごく少量で、特有のはなやかな香りとあざやかな黄色を料理に与えます。

タカノツメ
一般的な乾燥赤トウガラシ。半分に切り、タネを除いて使います。

チリパウダー
トウガラシ粉末にオレガノ、ディル、クミンなどを混ぜた、メキシコ風アメリカ料理に欠かせないミックススパイス。

スモークパプリカパウダー
パプリカ（トウガラシ）をスモークしてから粉に挽いたもの。商品に甘口と辛口がある場合は甘口を選んでください。

カレー粉
ターメリック、クミン、トウガラシほか、多数のスパイスが配合されています。

ケイパー
ケイパーという植物のつぼみ。一般的な酢漬け（ピクルス）の商品を使っています。

プロはこうしてる 基本の香味野菜の切り方

にんにくをつぶす

皮をむいたにんにく上に包丁の腹を
のせ、手のひらを当てて押しつぶし
ます。にんにくの香りを効率よく油
に引き出し、その後鍋から取り出し
たいときに。

にんにくを半割にする

たて半分にカット。中心の芽はクセ
が強いので取り除きます。

 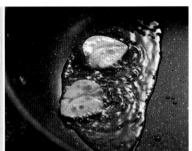

にんにくの薄切り

半割にして芽を除いてからスライス。
せん切りにする場合はスライスを細
長くきざみます。

にんにくのみじん切り（粒をきれいに揃えたい場合）

1 平らな面を下に横長に置き、横から水平に包丁を入れる（下から順に数カ所、端は切り離さない）。
2 切り口を手前に置き、端から細い幅で垂直に包丁を入れる。切り離さない。
3 1と同じ向きに置き、端から細かくきざむ。

基本材料のにんにくと玉ねぎは、このように切っています。

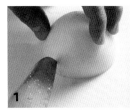   

玉ねぎの薄切り

1 玉ねぎを半分に切って、芯を取り除く。
2 半球の弧の端から、「表面→芯」に向かう角度で包丁を入れ、目的の幅にスライスしていく。

置いた玉ねぎに対して垂直方向に切ると1枚1枚のスライスの幅に差が出ますが、このように切ると幅が揃って、火の入り方も均一になります。

玉ねぎのみじん切り

1 半割の玉ねぎを、芯を横にして置く。横から水平に包丁を入れる（下から順に数箇所、端は切り離さない）。
2 芯を手前にして、端から細い幅で、垂直に包丁を入れる。切り離さない。
3 **1**と同じ向きに置き、端から細かくきざむ。

さらに細かく切る場合は、両手で包丁の刃を当ててきざみます。

玉ねぎの角切り

みじん切りと同様、三方向から約1cm間隔で包丁を入れて、切り分けます。

玉ねぎのえぐみ抜き

玉ねぎを生で使う場合は、下処理としてえぐみ抜きをします。
1玉ねぎのみじん切りや薄切りに少量の塩をふり、**2**よくなじませ、**3**ぎゅっと絞って水分を切る。
水分と一緒に刺激やネギ臭さが抜けるとともに、玉ねぎのシャキシャキした歯ごたえもきわだちます。

おいしさのためのヒント

1 どこに味をつけるか

味つけの根本は「塩味」です。料理全体に等しく塩味をつける場合もありますが、「濃いパート」と「ゼロのパート」を組み合わせることで、コントラストのあるおいしさを出す場合もあります。

2 塩のタイミング

塩には「塩味をつける」とともに「食材の水分を引き出し、結果としてうまみを凝縮させる」はたらきがあります。ぼくの中では塩の役割は「うまみの引き出し7割」「味つけ3割」。食材ごとに塩をふる（たとえば料理に加える直前、または直後に）ことを基本にしています。もちろん料理としての塩分の総量を考えながら。

3 野菜の水きり

野菜は水分が多い食材です。生で使う場合、水分が多いと味がのりにくいので、下処理として水切り（野菜に塩をふる→なじませる→水気を絞る）をする場面があります。ここでの水切りが不十分だと料理自体が水っぽくなり、調味も効きにくく、おいしさのバランスが乱れます。水気をきることで野菜のシャキシャキ感もきわ立っておいしくなります。

4 調味料の加え方

レシピには複数の調味料が並んでいます。これを「合わせ調味料」にして使う場面もありますが、加熱中の料理に順々に加える場面もあります——この順番や加えた後の火加減には意味があります。酒やワインを加えたらアルコールが飛ぶまで加熱する、またはいったん沸騰させることが基本。また、調味料（たとえばケチャップ、ウスターソースなど）を意識的に煮詰めたり、思い切って焦がしたりする使い方もしています。

おいしさを生み出すための基本の視点です。個別のポイントは各料理のレシピで説明しています。

5 香ばしさも、味のうち

香ばしいとは香りの領域ですが、味覚にも直結していると思います。本当に焦がしてはいけませんが、ちょっと濃いめに焼き色や揚げ色をつけると、香ばしさが一歩踏み込んだおいしさにつながります。

煮詰めながら、味を重ねる 6

レシピの中で「水分がなくなるギリギリまで煮詰める」とあったら、その液体Aの味を限界まで凝縮させるという意味です。そこに新しい液体Bを加えてまた煮詰めることで「味」を確実に重ねていきます。ステップごとにしっかりと煮詰めると、インパクトのある味わいに仕上がります。

塩の選び方、オイルの選び方 7

料理の仕上げに直接かける塩は、塩分だけでなくミネラルの旨みのある「おいしい塩（各種の結晶塩や旨塩など、お好みで）」を使うことをお勧めします。料理の仕上がりにひと回しかけるエクストラバージンオリーブオイルも、好みに合う、香り高いものを選んで使うと、料理の風味がいっそう高まります。

Chapter.
1

我が家の
肉料理を
きわめる！

" Meat Dishes "

チリコン カルネ

パワフルに! 肉肉しくつくろう!

チリコンカルネって日本ではトマト味が勝ったものが多い気がしますが、でもこの料理、"肉と豆入りトマトソース"ではないんです。もうちょっと肉肉しいイメージ。肉と豆と野菜がひとつになったスパイシー煮込み料理、という感じかな。しっかりと食べごたえがあるし、栄養バランスは満点。ご飯にのせてタコライスに、パスタソースに、ホットドックみたいにパンに挟んで食べてもいい。レタス包みにしたり、サラダ1品に加えてパワーアップもできます。冷凍保存できるので、いろいろ使える「最強おそうざい」です。

材料	4人分

玉ねぎ ...... ½個

セロリ ...... ½本

にんにく ...... 2 かけ

トマト 大1個

ピーマン（粗みじん切り）...... 3 個

ベーコン（ブロック）...... 50g

合挽き肉 250g

クミンシード 3g

チリパウダー 13g

スモークパプリカパウダー 2g

ドライオレガノ 1g

水 ...... 適量

レッドキドニービーンズ（缶）...... 200g

ホールトマト（缶）...... 150g

塩 ...... 適量

オリーブオイル ...... 適量

1

玉ねぎとセロリを粗みじんに切る。
にんにくはみじん切りにする。

2

トマト、ベーコンを角切りにする。

3

フライパンにオリーブオイルをひい
てクミンシードを入れ、点火する。
フライパンを揺らしながら中火で炒
めて香りを移す。

焦げないよう、火にかける前にクミンを入
れます。

4

クミンがパチパチとはじけはじめた
ら、にんにく、玉ねぎ、セロリ、塩
1つまみを加え、透き通るまで炒め
る。

5

ベーコンと合挽き肉を加え、強火で
炒める。

必ず強火で。ざっくりと混ぜながら手早く
水分を飛ばします。弱火だとパサパサに
なってしまうので。

6

肉に焼き目がついたらトマトを加え
てざっと炒め合わせる。

7

チリパウダー、スモークパプリカパ
ウダー、ドライオレガノを加える。

8

ざっと炒め合わせ、水 50 ～ 80ml
を加えて混ぜる。

少し水を加えて煮込みやすくします。

9

レッドキドニービーンズを加える。

10

塩2つまみを加え、ひと混ぜする。

11

ピーマンを加える。

アクセントとして加えます。ピーマンのほ
ろ苦さによって、味わいがグッと引き締ま
ります。

12

ホールトマトを加えて混ぜる。中火
でぐつぐつ煮る。

煮込んで味をひとつにまとめます。トータ
ルの煮込み時間は、約10〜15分間が目安。

13

最初は水分が多いので、よく混ぜて水分を飛ばしながら煮る。

14

もったりしてきたら、焦げつかない
よう、ときどき混ぜながら煮る。水
分がなくなったら火を止める。

POINT

スパイスは複数使う

スパイスは1種類ではなく、
複数使うことで風味に複雑さ
が出て味が深まります。レシ
ピにあげた4種類があれば
上出来ですが、最低チリパウ
ダー1種でもOKです（それ
自身がミックススパイスなの
で）。レシピはスパイシーと
いってもホットな辛さではあ
りません。好みでチリの量を
調整してください。

ハンバーグ

ケチャップでつくるデミグラス風ソース

アメリカンな肉肉しいハンバーグではなく、ふっくらとした日
本の家庭のハンバーグです。レストラン風のソースはケチャッ
プがベース。ケチャップってものすごく「使える」ソースで、
もちろんそのままでもおいしいけれど、水分を飛ばして軽く焦
がすと、びっくりするほど深いうまみが出ます。ハンバーグの
肉汁に組み合わせると、デミグラスソースみたいな本格的な味
わいになります。

材料　　　　　　　　　　　　　　　　　　　　3個分

〔ハンバーグのたね〕

合挽き肉 180g

玉ねぎ（みじん切り）...... 1/2 個

塩 ...... 適量

卵 ...... 1 個

A
| パン粉 25g
| ケチャップ 15g
| 中濃ソース 10g
| 塩 1つまみ
| ナツメグパウダー ...... 少々

サラダ油 ...... 適量

酒 40ml

〔ソース〕

B
| ケチャップ 45g
| 中濃ソース 30g
| 醤油 10g
| 水 25g

バター 20g

1

フライパンにサラダ油をひいて玉ね
ぎ、塩1つまみを入れ、中火で炒
める。軽く色づいたら、皿に広げて
粗熱を取る。

肉に合わせる前に冷まします。時間がない
時は冷蔵庫へ。

2

ボウルに合挽き肉、卵、**1**、材料 **A**
を入れ、よく混ぜる。

パン粉の量を多めにした、やわらかめのタ
ネです。ふんわりとジューシーな焼き上が
りになります。

3

手にサラダ油をぬり、生地を楕円形
にまとめる。最後に手の上で軽く叩
いて空気抜きをする。

4

フライパンを火にかけてサラダ油を
ひき、**3**を置く。弱〜中火で静か
に焼く。

置いたら、まずは動かさないこと。

5

ハンバーグの側面がうっすら色づい
てきたら（約3分後）、ひっくり返
す。すぐに酒を加える。

この間にソースの材料を計量して合わせて
おきます。

6

蓋をしてさらに約3分間焼く。

水分を加えて蒸し焼きにします。ハンバー
グの中心が膨れてきたら焼き上がりはまも
なく（中心まで火が入って、水分が蒸発し
ている証拠）。

7

ハンバーグの中心を指で押して、内
側から押し返してくる弾力があれば
焼き上がり。フライパンから取り出す。

あるいは、竹串をハンバーグに刺してみて、
透明の汁が出たら焼き上がっています。

8

材料 **B** を合わせる。フライパンの
汚れた油をキッチンペーパーでふき
取り、この合わせ調味料を入れてへ
らで混ぜながら中火で加熱し、沸い
たらバターを加える。

鍋底に残った肉のうまみ成分をソースに溶
かしながら火を入れます。

9

弱火にしてフライパンを前後に揺
すってバターをソースに溶かす。火
を止め、ハンバーグを戻してからめる。

バターを加えるのはソースにツヤをつける
ため。乱暴に混ぜると分離するので、鍋を
揺すって静かに溶かします。

鶏の唐揚げ

しつこいくらいに下味をもみ込む

唐揚げでは、下味プロセスがとても大切。肉と調味料をただ混ぜるのではなく、2〜3分かけて肉にもみ込むと、食べたときのジューシーさが断然アップ、味もしっかりとなじみます。ちなみに米澤流では、下味に白味噌を入れます。発酵調味料が入ることでうまみが深まり合って、フワッとしたまろやかな風味に上がるんです。

材料   4人分

鶏もも肉 2枚

A
| しょうが（すりおろす）...... 2かけ分
| 醤油 20g
| 酒 30g
| ごま油 30g
| 白味噌 20g

片栗粉 80g

薄力粉 20g

揚げ油 ...... 適量

〔 つけ合わせ 〕

きゃべつ（せん切り）

カットレモン

1

鶏もも肉の筋を取り、食べやすい大きさに切り分ける。ボウルに入れる。

2

ボウルに材料 **A** を加え、2〜3分間かけて肉にしっかりともみ込む。

3

ラップフィルムでおおい、冷蔵庫で約1時間休ませる。

休ませると、味も水分も肉によくしみ込みます。時間がない場合は、2のもみ込みをより入念に行ってください。なお、前の日の晩に仕込んでおく手もあり。

4

休ませた肉をもう一度よく混ぜる。片栗粉と薄力粉を混ぜたボウルに肉を入れ、粉をまんべんなくからめる。

5

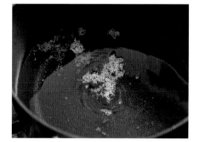

揚げ油を用意して温度チェックする。粉を落としてパッと広がるくらいが適温（約170℃）。

もうひとつの目安は、菜箸を入れて細かい泡（水分）がしゅわーっと出るくらい。勢いよくバチバチッとなったら温度が高すぎです。

6

油に **4** をひとつずつ落とす。いったん温度が下がるので強火にし、泡に勢いが出たら中火にする。

肉を入れたら、まずは動かさない。いじると衣がはがれてしまいます。

7

衣が固まってきたら、ひとつずつ箸で裏返す。

肉から出る泡をチェック。最初は大きく（＝水分がドンドン抜けているため）、火が入るにつれてだんだん小さくなっていきます。

8

泡が小さくなり、唐揚げが油の中を泳ぎ出したり、菜箸でつかんでチリチリした振動が伝わってきたら揚げ上がり。キッチンペーパーにとる。

火入れが心配なら1個切って確認。

POINT

揚げ油の量は
どれくらい？

揚げもので まず皆が悩むのは油の量じゃない？ ❶深さは「肉の高さの3分の2が浸かる」くらい。❷面積的には「肉が重ならずにゆとりをもって並んでいる」こと。鍋に肉がぎゅう詰めだと火が入りにくいので、何度かに分けて揚げます。

盛りつけ：きゃべつを皿に盛り、唐揚げを盛ってカットレモンを添える。

チキンのバルサミコ照り焼き

焼き方は皮目8割、肉2割

チキンソテーの焼き方は「皮目8割、肉2割」。最初に鶏もも
の皮目を下にしてフライパンに置いたら、こんがりと色づくま
で中火でじっくりと焼き、裏返したら肉側は手早く焼いて、ソー
スで煮からめます。ソースのベースはパイナップルジュースと
バルサミコ酢。甘酸っぱい照り焼きは子どもにも大人気で、パ
ンにもごはんにも、ワインにも合う、オールマイティな一品です。

材料	2人分

鶏もも肉 1枚
塩、こしょう ...... 各適量
サラダ油 大さじ1
〔ソース〕

A
　100％パイナップルジュース
　（または100％ぶどうジュース）...... 200ml
　めんつゆ（3倍濃縮）...... 70ml
　バルサミコ酢 50ml

バター 40g

1

鶏もも肉（1枚が大きい場合は半分に切る）の肉厚な部分に切り目を入れて開き、できるだけ厚みを一定にする。

2

約2cm間隔で切り込みを入れてスジを切る。

3

肉の面に塩、こしょうをふる。皮目にも塩（軽めに）、こしょうをふる。

4

フライパンにサラダ油をひいて中火にかけ、**3**を（皮目を下に）置く。

5

皮の脂が溶け出てくるので、キッチンペーパーでふき取りながら焼く。

油と水分が出ると皮がちぢんでくるので、ときどき上から押さえてしっかりと焼き色をつけます。

6

皮がカリカリに焼けたら（焼きはじめから4～5分後）ひっくり返して、1～2分間焼く。フライパンから取り出す。

指で触って、内側から押し返してくる弾力を感じたら焼き上がりです。わからなければナイフで切ってみましょう。

7

材料**A**を合わせる。フライパンに残った脂をペーパーでふき取り、この合わせ調味料を流し入れて、半分量になるまで中火で煮詰める。

8

鶏もも肉をフライパンに戻し、ソースで煮からめる。皿に盛る。

9

残ったソースにバターを入れ、弱火にして、フライパンを揺すって溶かす。肉にかける。

バターを加えるのはソースにツヤをつけるため。乱暴に混ぜるとバターが分離するので、フライパンを揺らして静かに溶かします。

ポークピカタ

豚ロースの必殺料理

豚のロース肉ならピカタが最強！　豚肉は水分が多いので、肉を「は
だか」で焼くポークソテーだと、水分が抜けてパサパサになりやす
い。とんかつならジューシーですが、揚げものは少々ハードルが高
い。その点、「衣焼き」のピカタはカンタンで、しかも確実にしっ
とり仕上がります。衣には卵とチーズが入るのでうまみもアップ。
あとくちに爽やかさがほしくなりますから、レモン汁をかけましょ
う。ここではフレッシュトマトソースも添えました。

材料　　　　　　　　　　　　　　　　　　　　　　　　2人分

豚ロース肉 ...... 2枚（300g）

薄力粉 ...... 適量

卵 1個

粉チーズ 大さじ1.5

バター 30g

オリーブオイル 大さじ1

塩、こしょう …… 各適量

〔**トッピング**〕

レモンの輪切り

イタリアンパセリ

〔**フレッシュトマトソース**〕

トマト 1個

にんにく ...... 少々

玉ねぎ 1/4個

オリーブオイル 大さじ1

砂糖 小さじ1

イタリアンパセリ（きざむ）...... 適量

レモン汁 1/4個分

塩 ...... 適量

1

豚ロース肉の脂肪と赤身の間に走る
スジに、包丁の刃先で切り込みを入
れる。

焼いたときの反り返りを防ぐため。できる
だけ脂肪は切らず（脂が抜けるので）、ス
ジだけを切るようにします。

2

裏面も同様にして切り、両面に下味
の塩、こしょうをふる。

3

薄力粉をまぶしつける。

余分をはたき落として、薄づきにします。

4

卵と粉チーズを箸でよくとき合わせ、
肉をくぐらせる。

5

フライパンにバターとオリーブオイ
ルを入れて火にかけ、バターが溶け
たら **4** を置く。弱火で静かに焼く。

溶けたバターが、泡立つか泡立たないかの
状態をキープしながら焼きます。

6

こんがり焼き色がついたらひっくり
返し、反対面も同様に色づける。

7

色づいたら再度ひっくり返し、弱火で表と裏を30秒ずつ焼く。表面を指で
押して、内側からはじき返される触感があれば、焼き上がり。取り出す。

POINT

ピカタは弱火で
しっとりと

弱火でゆっくりと加熱するこ
とで、豚肉がしっとりとジュー
シーに仕上がります。しかも、
卵とチーズを使った衣は焦げ
やすいので、終始弱火が必須
です。衣が焦げだしたら火が
強すぎる、というサインです。

フレッシュトマトソース

1

トマトを角切りにする。にんにくと
玉ねぎはみじん切りにする。

2

フライパンにオリーブオイルをひき、
にんにく、玉ねぎを中火で炒める。

3

玉ねぎが透明になったらトマト、塩
1つまみを加える。

4

シャワシャワシャワと音がするくら
いの中火で、混ぜながら炒める。
水分を飛ばしながら炒めます。水分が足り
なければ少量のオリーブオイルを足します。

5

全体がトロッとしてきたら、砂糖を
加え、さっと混ぜてなじませる。

6

仕上げにイタリアンパセリ、レモン
汁を加えて火を止める。

POINT

トマトがあれば、
料理をワンランクアップ

さわやかな口当たりのこの
ソース、つくり方は簡単です
が、おいしさはレストラン級。
チキンやサーモン、メカジ
キのソテーにもよく合います。
糖度の高いトマトよりも、酸味
強めのトマトのほうが向いて
います。トマトが甘い場合は、
砂糖の量を控えてください。

盛りつけ：皿に盛り、フレッシュトマトソース、レモンの輪切り、イタリアンパセリをのせる。

焼き豚

広東風チャーシューの味

日本の家庭料理では（焼き豚といってもじつは）煮豚がポピュ
ラーですが、これは正真正銘の焼き豚です。中華のシェフに教
わった方法なんですが、レシピの砂糖の量が多いことに驚きま
せんか？　砂糖の浸透圧で豚肉の水分が抜け、調味料がしっか
りとしみ込むんです。砂糖のコクは豚のうまみを引き上げて、
まさに本格チャーシューの味になる。中国料理ってすごいです
ね。しかも 4 時間マリネして焼くだけ……オーブンさえあれば
本当に簡単です。

材料

豚肩ロース肉 400g

A
砂糖 300g
塩 15g
オイスターソース 20g
醤油 100g
ねりごま 15g
酒 30g
にんにくのすりおろし ...... 1 かけ分
ガラムマサラ（好みで）...... 2.5g

1

ボウルに材料 **A** を合わせ、泡立て
器でよく混ぜる。

2

チャック付きのプラスチック保存袋
に豚肩ロース肉を入れ、**1** を加える。
冷蔵庫でひと晩（最低 4 時間）マ
リネする。
時間がない場合は常温に置き、ときどき上
から押さえて味をしみこませます。

3

漬け込みを終えた状態。これをオー
ブンシートを敷いた天板に置く。

4

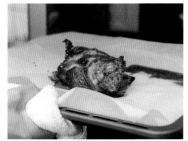

200℃に予熱したオーブンで、20
分間焼く。
端を切って、芯部の焼き上がりを確認し、
火入れが足りなければさらに適宜の時間焼
いてください。

5

厚切りステーキ

分厚い牛赤身肉をステーキに!

分厚い肉をワシワシ食べたい —— 赤身主体の US 産かオースト
ラリア産の肉でステーキを焼きましょう。薄い肉なら強火で「表
を焼いて、裏焼いて」でおしまいですが、分厚い肉の場合は中
火で「表 30 秒、裏 30 秒」を 1 セットとして、これを何度か繰
り返して焼いていきます。

材料

牛サーロイン ...... 1 枚
　（約 250g、厚さ約 2.5cm）
オリーブオイル ...... 適量
塩、こしょう ...... 各適量
〔 にんにくチップとソース 〕
にんにく（薄切り）...... 大 1/2 かけ
バター 20g
醤油 ...... 大さじ 1
みりん ...... 小さじ 1

1

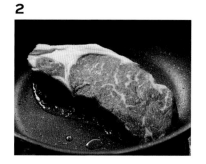

肉の両面に塩を均等にふる。

今回は焼き上がりにソースをかけますが、ソースはなしでおいしい塩をかけるだけで食べる場合は、この下味の塩は不要です。

2

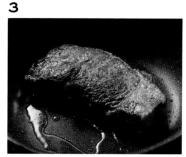

フライパンを火にかけて十分に熱し、オリーブオイルをひく。**1**を置く。中〜やや強火で20秒間焼く。

3

裏返して、20秒間焼く。

最初の1セットはやや短めに「表20秒、裏20秒」で。表面の急なちぢみを防ぐためです。

4

「表に戻して30秒間、裏返して30秒間、中火で焼く」を、2度繰り返したら、肉を指で押して火入れをチェックする。内側から押し返すハリを感じたら火からおろす。

押し戻すハリがあるとはつまり「中心部に熱が到達し、肉汁が沸いている」証拠です。

5

ハリがなく指が食い込む場合は、さらに「表30秒、裏30秒」を適宜繰り返す。

6

焼き上がりを確認したら皿に取り出す。1〜2分間このまま静かに休ませる。

焼きたては内部で肉汁が踊っているので、数分間休ませて落ち着かせます。

休ませている間にソースをつくる

7

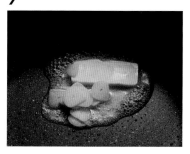

フライパンの汚れた脂をキッチンペーパーでふき取ってから、にんにくとバターを入れて中火で加熱する。

8

にんにくが香ばしく色づいたら醤油とみりんを加え、沸騰したら火を止める。

> **POINT**
> ### 表・裏のセット回数で焼き加減を調整
>
> ここでは「ミディアムレアの焼き上がり」を基準にしています。もう少し火を入れたければ、「表30秒・裏30秒」をさらに1セット焼いてから休ませます。また、肉がより厚い場合にも、セット数がより多く必要になります。この方法で焼くには、タイマーがあると便利です。

盛りつけ：肉をカットして皿に盛り、ソースをかける。

牛肉のラグーソース

（スパゲッティ・ボロネーゼ）

簡単! 本格ラグー

よくある"トマト味のミートソース"とは違う、本来のボロネー
ゼ（牛肉のボローニャ風＝赤ワイン煮込み）的な肉の風味たっ
ぷりのラグーです。しかもフォンドヴォーや赤ワインなしでで
きる！　秘密は、煮込みの前に牛挽き肉とケチャップをそれぞ
れ焦がしながらしっかりと炒めること。「え？ここまで？」と
感じるくらい思い切って焦がすことで、うまみと香りがぐいぐ
い出てきます。お店で赤ワイン煮込みをつくる場合は約5時間
煮込みますが、この方法なら20分間程度。だまされたと思っ
てぜひ試してみてください。

材料	3〜4人分

〔**ラグーソース**〕

牛挽き肉 300g

オリーブオイル 大さじ1

玉ねぎ 1/4個

にんにく 2かけ

ケチャップ 60g

カットトマト（缶）...... 150g

塩、こしょう ...... 各適量

水 ...... 適量

ドライオレガノ ...... 適量

バター 10g

〔**スパゲッティ**〕

スパゲッティ（乾麺／1人分60〜100g）

粉チーズ

オリーブオイル（仕上げ用）

1

玉ねぎを粗みじんに切る。にんにく
もみじん切りにする。

2

フライパンにオリーブオイルをひい
て火にかけ、牛挽き肉を入れる。固
まりのまま強火で底面を焼きつける。
できるだけいじらずに、底面を色づけます。

3

底面に濃い焦げ目がついたら固まり
のまま裏返して、同様に焼く。
肉につける焦げ目が「うまみの核」になり
ます。思い切って強火でしっかりと焼きま
しょう。

4

両面とも色づいたら、肉をほぐし、
混ぜながら２～３分間かけてしっか
りと焼く。

5

肉全体がしっかりと色づいたら中火にして**1**を加え、塩２つまみを加えて
炒める。玉ねぎに火が入るまで混ぜながら炒める。
玉ねぎは焦がさないように。中火で炒めます。

6

玉ねぎが透明になったらケチャップ
を加える。
大人の味にしたければ、ケチャップを入れ
る前に赤ワイン30mlを加えてアルコール
を飛ばします。

7

弱～中火で混ぜながら炒める。ケ
チャップの水分が完全に飛び、軽く
焦げ、肉がポロポロになるまで。
炒め方が足りないと"ケチャップ味"に
なってしまいます。しっかりと凝縮させて
うまみを引き出します。

8

カットトマトを加える。

トマトの量は案外控えめ。この料理はトマ
ト味にしないことがポイントです。

9

へらで混ぜながら、軽く煮詰める。

10

水（具材がギリギリ隠れるくらいの
量）を注ぎ入れ、ドライオレガノを
加えて中～弱火で煮込む。

11

10分後。水分がまだあるので、も
うひと息。

12

水分がなくなったら塩、こしょうで
味をととのえる。火を止め、バター
を加えて混ぜる。

ソースのでき上がりです。冷凍保存する場
合は、バターは解凍後に加えます。

13

スパゲッティを塩ゆでする。ソース
を温め、湯きりしたスパゲッティを
加え、強火でからませる。

14

水分が飛んだら粉チーズを加える。
好みでオリーブオイルを加える。

パプリカの肉詰め

地中海風味に

大人バージョンの「ピーマンの肉詰め」です。イタリアの生ソーセージのイメージで、豚挽き肉の詰めものにフェンネルシードとローリエを混ぜ込んでいます。これだけで香りはイタリアン！　ワインが飲みたくなるワザあり地中海料理になります。もちろん、ケチャップをつけて食べても美味。

材料	4人分
豚挽き肉 400g	
赤パプリカ 1個	
黄パプリカ 1個	
にんにく（みじん切り）...... 1/2 かけ	
ローリエ 2枚	
フェンネルシード 小さじ1	
タカノツメ（タネを取る）...... 1/2 本	
塩 小さじ1	
白ワイン 大さじ2	

1

ローリエ、フェンネルシード、タカノツメをみじん切りにする。
ローズマリーを入れても合います！

2

ボウルに豚挽き肉、にんにく、**1**のスパイス、塩、白ワインを入れ、よく練り合わせる。

3

パプリカをヘタ下2cmのところでカットし、タネを取り除く。

4

パプリカの中いっぱいに**2**を詰める。

5

天板にオーブンシートを敷いて**4**を並べ、170℃のオーブンで約25分間焼く。

餃子

手づくりの楽しさ満喫

手づくりの餃子は、皮がもちもちでおいしいですよね。料理と思うと少し面倒かもしれませんが、休日のイベント、家族のコミュニケーション料理としては最強です。粉まみれになって生地を練ったりのばしたり、思い思いにあんを包んだり。包み方のこつは……慣れるしかありません！　月にいちど餃子の日をもうけてつくればだれでも上達します。そもそも形は気にしない。どうやったって、おいしいんですから。

材料	4人分

〔**餃子の皮**〕25 〜 30 枚分

A
  強力粉 …… 100g
  薄力粉 …… 100g
  塩 …… 1つまみ

ぬるま湯（約40℃）…… 100ml
サラダ油 …… 小さじ1
片栗粉（打ち粉用）…… 適量

〔**あん**〕

きゃべつ（みじん切り）…… 250g
長ねぎ（みじん切り）…… 50g
しょうが（すりおろし）…… 25g
にんにく（すりおろし）…… 10g
塩 …… 2つまみ
豚挽き肉 …… 200g

B
  砂糖 …… 3g
  醤油 …… 7g
  酒 …… 20g
  ごま油 …… 10g
  スープまたは水 …… 大さじ2

〔**包む、焼く**〕

水、薄力粉（ノリ用）…… 各適量
サラダ油 …… 適量

皮の仕込み

1

材料 **A** をボウルに合わせる。ぬるま湯、サラダ油を加えて、ざっと練り合わせる。

2

台の上で手でしっかりこね、生地を均一にする。

3

生地にツヤが出るまでさらに約5分間こねてから、丸める。ラップフィルムに包んで冷蔵庫で30分間休ませる。

あんをつくる

4

きゃべつ、長ねぎ、しょうが、にんにく、塩をボウルに合わせ混ぜ、1～2分間、手でギュッギュッともみ込む。

野菜の芯まで塩をなじませることで、脱水をうながします。

5

野菜がしんなりとしたら手でつかんでギューッと絞り、水分をきる（水は捨てる）。

6

水気をきった野菜、豚挽き肉、材料 **B** を合わせ、均等になるまで練り合わせる。

少量のスープ（または水）を加えることで、ふわっとしたジューシーなあんになります。

皮をつくる

7

休ませた生地を半分に分け、両手で転がして棒状に伸ばす。

8

2～3cmごとに（12～15gずつ）切り分ける。

9

（くっつかないよう）生地に片栗粉をふりかけ、扁平につぶす。麺棒を使って円形にのばす。皮のふちを手で回しながら、中心から外側に向かって押し出していくときれいな円になる。
中心は厚め、ふちは薄めにすると、あんが包みやすい皮になります。

あんを包んで焼く

10

皮の中心にあんをのせる。

11

水に薄力粉を少量溶かした「ノリ」を皮のふちにぬり、あんを挟んで折り合わせ、ひだにしながら閉じる。

12

ひだの形や折り方は自由に。ひだがなくても、あんがこぼれないように閉じられたら OK。
生地がやわらかいので、ひだがなくてもきれいに閉じることができます。

13

フライパンにサラダ油をひいて火にかけ、餃子を並べる。中火で焼いて底面に焼き目をつける。

14

水約 100ml（分量外）を入れて蓋をする。このまま中火で蒸し焼きにする。

15

水がなくなり（3 〜 4 分間後）、餃子がぷっくらと膨らんで皮に透明感が出ていたらでき上がり。
水がなくなってもまだ火入れが足りない場合は、少量の水を足して続行。

盛りつけ：フライパンの上に皿をかぶせ、全体をひっくり返して餃子を皿に盛る。

好みの調味料（醤油、酢、辣油など）を添える。

Chapter.
2

魚介料理、
レストランに
負けません

" Seafood Dinner "

クラムチャウダー

風味も舌触りもまろやか

ニューイングランド風のオーソ
ドックスなクラムチャウダーで
す。アサリから出るだし、野菜、
牛乳の風味がひとつになったや
さしい味わいに仕上げます。濃
度づけに加える小麦粉をしっか
りと炒めることがポイントです。

材料	2〜4人分
アサリ（砂抜き、洗う）…… 300g	じゃがいも（角切り）…… 1/2 個
白ワイン …… 60ml	バター …… 20g
サラダ油 …… 大さじ1	薄力粉 …… 大さじ1
┌ ベーコン（ブロック／角切り）…… 50g	牛乳 …… 300ml
│ 玉ねぎ（角切り）…… 1/4 個	コーン（缶）…… 100g
A │ にんじん（角切り）…… 1/4 本	生クリーム …… 100ml
│ セロリ（角切り）…… 5cm 分	塩 …… 適量
└ マッシュルーム（角切り）…… 5 個	イタリアンパセリ（きざむ）…… 適量

アサリのだし

1

鍋またはフライパンを火にかけ、アサリ、サラダ油を入れてカラカラと混ぜながら中火で加熱する。

2

すぐに白ワインを加えて蓋をかぶせる。

3

アサリが口を開けたら火を止める。アサリと汁（＝だし）に分ける。

このだしが、クラムチャウダーのベースになります。

クラムチャウダー

4

鍋に材料 **A**、バターを入れて火にかけ、かき混ぜながら中火で炒める。

バターを焦がさないよう、火加減に注意。

5

野菜が透明になったら薄力粉を加える。弱火にしてかき混ぜながらしばらく炒め、粉に火を通す。

チャウダーの「とろみ」がここで決まります。小麦粉がダマにならないよう、焦げないよう、混ぜながら炒めます。

6

牛乳を3回に分けて加える（中火）。

一度に全量を入れずに「1/3量ずつ加える→全体になじませる」を繰り返して、とろみ具合を見ながら均一にのばしていきます。最後の牛乳は適宜量を加減してください。

7

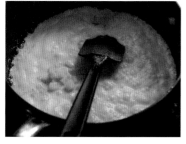

最後の牛乳を入れてスープが沸いたら、じゃがいもを加える。

8

3のアサリのだしを加えて混ぜる。さらにコーン粒、生クリームを加える。

9

じゃがいもがやわらかくなるまで弱火で煮る。塩で味をととのえて火を止める。

盛りつけ：クラムチャウダーを器に盛り、アサリの身をのせ、イタリアンパセリを散らす。

白身魚のムニエル
焦がしバターのソース

プチプチと泡立つバターで焼く

ムニエルは、小麦粉をまぶした白身魚をバターで焼く料理です。プチプチと静かに泡立つバターの中でゆっくりと焼いて、表面はこんがり、中はふんわり、風味たっぷりに仕上げます。最後にソースにレモン汁をぎゅっと搾り入れ、脂っぽさを引き締めることもポイントです。

材料	2人分
白身魚の切り身（カレイ、スズキ、舌ビラメ、キンメダイなど） 2切れ	
塩 ...... 適量	
薄力粉 ...... 適量	
バター 50g	

	A	
	にんにく（みじん切り） 1かけ	
	玉ねぎ（みじん切り） 10g	
	ケイパー（酢漬け） 10g	
	イタリアンパセリ（きざむ） ...... 適量	

レモン汁 1/2個分

1

魚の切り身の皮を取り除く。ここではキンメダイを使用。

2

両面に塩をふり、薄力粉をふりかけて表面全体に薄くまぶしつける。

表裏だけでなく側面も忘れずに。「薄く、均等」がポイントです。

3

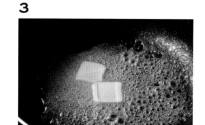

フライパンにバター 30g を入れ、弱火にかける。

4

バターが溶けて泡立ったところに **2** を置く。

5

弱火のまま魚を加熱する。置いた面にきれいな焼き色がついたら、裏返して同様に焼く。

6

表面がこんがりと色づき、芯まで火が入ったら魚を取り出し、皿に盛る。

竹串を刺してみて、なかなか抜けなかったらまだ生、すっと抜けたら火が通っています。

7

同じフライパンに新しいバター 20g を加え弱火にかける。

新しいバターを追加してソースをつくっていきます。

8

バターが溶けたら材料 **A** を加える。

にんにく（香ばしさ）、玉ねぎ（シャキシャキした歯触り）、ケイパー（塩気と酸味）、イタリアンパセリ（香り）……で、いずれもソースにアクセントをつけます。

9

バターに焦げ色がついたら、レモン汁を加えて火を止める。味見して、必要なら塩で味をととのえ、魚にかける。

タラとじゃがいもの
サフラン風味

スペイン、地中海のおふくろの味

妻の母方の祖父母はスペイン人で、これはそのおばあちゃんの
得意料理です。サフラン風味の魚介のだしがじゃがいもにしみ
込んで、ほっとするおいしさ。うちの子どもたちも大好きです。
日本の肉じゃがと一緒で、じゃがいもが軽く煮くずれかけるく
らいの煮加減がベスト。

材料　　　　　　　　　　　　　　　　　4人分

マダラの切り身（約100g）...... 2 切れ

じゃがいも ...... 3 個

オリーブオイル 50ml

にんにく（つぶす）...... 2 かけ

タカノツメ（タネを取る）...... 1 本

玉ねぎ（粗みじん切り）...... 1 個

セロリ（粗みじん切り）...... 1 本

アサリ（砂抜き、洗う）...... 300g

塩 ...... 適量

白ワイン 120ml

水 ...... 適量

サフラン ...... 1 つまみ

タイム ...... 軸 2 本分

イタリアンパセリ（きざむ）...... 適量

オリーブオイル（仕上げ用）...... 適量

1

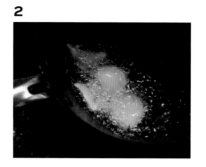

じゃがいもを8等分に切る。マダラ
も同じくらいの大きさに切る。

2

鍋にオリーブオイルとにんにく、タ
カノツメを入れて火にかけ、香りが
出るまで中〜弱火で加熱する。

最初ににんにくオイルをつくります。この
オイルのうまみと香りが料理の土台になり
ます。

3

玉ねぎ、セロリ、塩1つまみを加え、
玉ねぎが透明になるまで炒める。

4

じゃがいもを加えて軽く炒め、マダ
ラに塩をふって加える。

5

すぐにアサリを加える。白ワインを
加えて火を強め、沸騰させてアル
コールを飛ばす。

6

サフランを加える。

7

水を具材の頭が少し出る程度の高さ
まで加える。沸騰したらタイムを加
え、中〜弱火で煮る。

水が多いと仕上がりが薄くなるので、ほど
ほどの量で。

8

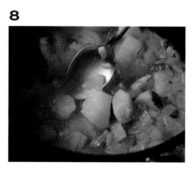

じゃがいもが軽くくずれる程度に煮
えたら、でき上がり。

9

器によそい、イタリアンパセリを散
らす。仕上げに風味づけのオリーブ
オイルをかける。

メカジキのプチトマトソース

豚肉、鶏肉でもできます

メカジキに限らず、豚肉や鶏肉にも応用できる料理です。にん
にくオイルでソテーしてから、プチトマトを加えて軽く煮る
——肉も魚もしっとりと仕上がるし、プチトマトのソースはう
まみと酸味のバランスがパーフェクト！ 最初のソテーは表面
を焼き固めるだけにして、完全に仕上げないことがポイントで
す。といっても、多少火を入れすぎても大丈夫なところが、こ
の料理の強みです。

材料	2人分
メカジキの切り身 2枚	
にんにく（半割にしてつぶす）...... 1かけ	
プチトマト 10個	
オリーブオイル ...... 適量	
ケイパー（酢漬け）...... 大さじ1	
ケイパーの漬け汁 ...... 適量	
白ワイン 100ml	
ドライオレガノ 2つまみ	
イタリアンパセリ（きざむ）...... 適量	

1

プチトマトのヘタを取り、半分に切る。

2

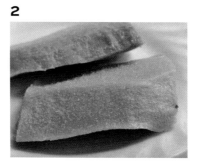

メカジキの表面全体に塩を薄くふる。

3

フライパンにオリーブオイルとにんにくを入れて中火にかけ、香りが出たら**2**を置く。

4

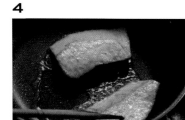

にんにくは取り出す。メカジキの表面を一面ずつさっと焼く。
完全に火を通すのではなく、ここは表面を軽く固めるだけ。一面ずつフライパンに軽く焼きつけます。

5

全面に均等に焼き目がついたら、プチトマトを加える。

6

すぐにケイパーとその汁、白ワインを加える。

7

沸騰したら弱火にし、ドライオレガノを加えて1〜2分間煮る。

8

魚に火が通り、トマトがとろとろになったらイタリアンパセリを加え、火を止める。仕上げにオリーブオイルをかける。

POINT

肉でつくるなら？

豚なら、たとえば肩ロースの厚切りで、メカジキ同様に表面をさっと焼いてプチトマトを加えましょう。鶏ならもも肉はもちろん、パサつきやすい胸肉もジューシーに仕上がるのでオススメです。鶏の場合は皮目をじっくりめに焼いて色づけてください。

ミックスグラタン

ぶれない、洋食の味

子どもの頃大好きだった母のグラタンです。つまりは日本の洋食スタイル。ホワイトソースのつくり方もごくオーソドックスです。同じ方法で、具材を鶏肉とマッシュルームにしてもいいし、冷凍シーフードミックスだけを使ってもいい。最後にゆでたマカロニを入れたら、マカロニグラタンになります。

材料	2〜3人分
むきエビ 100g	
鶏もも肉（ひと口大）...... 1/2枚	
玉ねぎ（粗みじん切り）...... 1/2個	
バター 45g	
薄力粉 大さじ2	
白ワイン 大さじ2	
牛乳 400ml	
塩 ...... 適量	
〔仕上げ〕	
ピザ用チーズ ...... 適量	
パン粉 ...... 適量	

1

フライパンに玉ねぎとバターを入れ、中火で炒める。

2

玉ねぎが透明になったら鶏肉を加え、塩1つまみをふり入れて軽く炒める。

3

肉の表面が固まったらエビ、塩少々を加え、軽く炒める。

4

薄力粉を加える。よく混ぜて具材にからめながら炒める。

5

粉が具材全体にまぶさり、きれいに炒まった状態。

ホワイトソースの「とろみ」がここで決まります

6

白ワインを加え、沸騰させてアルコールを飛ばしたら牛乳を加える。沸いたら弱〜中火にして煮る。

ときどき混ぜながら煮て、さらに粉に火を入れます。

7

2〜3分間煮て、ほどよいとろみがついたら、塩で味をととのえ、火を止める。

8

耐熱皿に流して、表面をピザ用チーズでおおい、その上にパン粉をふりかける。

9

オーブントースターへ。チーズが溶けて焼き目がついたら取り出す。

チーズが充分に溶ける前に表面が焦げそうになった場合は、アルミ箔で表面をおおってください。

サーモンのソテー
ざくざくタルタルソース

皮はカリカリ、身はふっくら

サーモンのソテーは、皮側を中火でじっくり焼き、身側はかたくならないよう弱火で。
焼き時間は皮7割、身3割くらいのイメージです。そのまま塩とレモン汁をかけるだけ
でも美味しいし、フレッシュトマトのソース（p29）にも合います。

材料　　　　　　　　　　　　　1人分

サーモンの切り身（皮付き）...... 1 切れ

サラダ油 ...... 小さじ 1

塩 ...... 適量

カットレモン

〔**タルタルソース　2人分**〕

固ゆで卵 ...... 2 個

赤玉ねぎ ...... 1/4 個

ケイパー（酢漬け）...... 大さじ 1.5

A｜イタリアンパセリ（きざむ）
　　　...... 適量
　｜マヨネーズ ...... 大さじ 1.5
　｜白ワインビネガー（または酢）
　　　...... 小さじ 1
　｜塩、こしょう ...... 各適量

ディル

サーモンのソテー

1

サーモンの切り身に塩をふる。フライパンを中火にかけて熱し、サラダ油をひいてサーモンを（皮目を下にして）置く。

2

そのまま動かさず、じっくりと焼く。

3

皮がカリカリになり、皮のすぐ下の身にも香ばしそうな色がついたら裏返し、中心に火が入るまでごく弱火で焼く（1 分間ほど）。

タルタルソース

4

固ゆで卵を粗みじんに切る。

5

赤玉ねぎをみじん切りにする。

普通の玉ねぎを使う場合は、みじん切りをボウルにとって塩少々をふり、手でよくもみ込んでから水気を絞り、アク抜きします。

6

ケイパーをみじん切りにする。

ケイパーのうまみと酸味が効果的なアクセントになります。

7

ボウルに **4 〜 6** を合わせ、材料 **A** を加えてよく混ぜる。

塩は味見して加減してください。

盛りつけ：サーモンを皿に盛り、タルタルソース、レモン、ディルを添える。

アクアパッツァ

強火で煮立てる

焼いた魚をトマトと白ワインと水で煮込む料理です。一般的な煮込み料理と違うのは、水を入れたら強火で一気に仕上げること。水を入れたらグツグツ煮立ててください。液体は白濁しますが、それが正解。沸き立つ勢いでオイルと水分が乳化し、すべてのおいしさがひとつにまとまります。

材料	2 人分
マダイの切り身（皮付き）...... 2 切れ	
塩 ...... 適量	
にんにく（半割にしてつぶす）...... 1 かけ	
オリーブオイル ...... 適量	
アサリ（砂抜き、洗う）...... 150g	
プチトマト ...... 6 ～ 8 個	
白ワイン（または酒）...... 100ml	
水 ...... 適量	
イタリアンパセリ（きざむ）...... 適量	
ズッキーニ ...... 1/2 本	
オリーブオイル（仕上げ用）...... 適量	

1

マダイに骨があったら取り除く。皮
目に十字に切り目を入れ、身に塩を
ふる。

皮の裏側にはゼラチン質があって火が通り
にくいので、切り目を入れて、火力の通り
道をつくっておきます。

2

鍋にオリーブオイルとにんにくを入
れて火にかけ、香りが出たらにん
にくを取り出す。皮目を下にして**1**
を置き、中火で焼く。

魚はできるだけ動かさずに、きれいな焼き
色をつけます。

3

皮がこんがり焼けたら魚を裏返す。

4

アサリ、白ワインを加えて強火でア
ルコールを飛ばす。

5

強火のまま適量の水を（具材が少し
頭を出すくらい）加える。

6

煮汁が沸き立った状態で煮る。途中、
ときどき煮汁を魚にかける。

7

魚に火が通ったらプチトマトを加え
る。トマトが煮くずれるまでさらに
煮る。

8

イタリアンパセリを加えて、汁気が
ほどよく煮詰まったら塩で味をとと
のえて、火を止める。

POINT

**骨付き魚なら
さらに美味**

アクアパッツァは新鮮な魚の
おいしさをダイレクトに生か
す、ゴージャスな料理です。
切り身はもちろんですが、骨
付きの魚、釣ったばかりの魚
ならなおおいしい。骨付きの
場合は、火入れにより長く時
間をかけ、様子を見て水が足
りなくなったら追加します。

盛りつけ：別にズッキーニの輪切りをソテーして皿に並べる。
アクアパッツァを盛り、オリーブオイルをひと回し分かける。

Chapter.
3

野菜と卵、
いつもの味を
もっとおいしく

" Vegetable & Egg "

ミネストローネ

材料   4人分

ベーコン（ブロック）...... 100g

A
  玉ねぎ 1個
  にんじん 1/2本
  セロリ 1/2本
  赤パプリカ 1/2個
  黄パプリカ 1/2個
  トマト 1個

カットトマト（缶）...... 100g

にんにく（つぶす）...... 1かけ

オリーブオイル 30ml

ブロッコリー（一口大）...... 1/3個

水 約400ml

タイム ...... 軸2〜3本

ローリエ 1枚

ドライオレガノ ...... 少々

塩、こしょう ...... 各適量

〔トッピング〕

粉チーズ ...... 適量

イタリアンパセリ（きざむ）...... 適量

オリーブオイル（仕上げ用）...... 適量

バゲットのトースト

野菜たっぷり、水は最小限

野菜＋ベーコン＋水だけでおいしいミネストローネをつくりましょう。市販のスープの素を使わなくても大丈夫。水の量を間違えなければ、むしろ野菜の香りが生きた仕上がりになります。ポイントは「野菜たっぷり、水は最小限」。パスタを入れればスープパスタに、炊いたご飯を加えてチーズをたっぷりかければリゾットに、塩を控えれば離乳食にもなります。

1

ベーコンを約1cmの角切りにする。材料Aの野菜も同様に角切りにする。

2

鍋にオリーブオイルをひき、にんにく、ベーコン、玉ねぎ、にんじん、セロリを入れて中火にかける。塩を1つまみ加え、混ぜながら炒める。

塩の浸透圧で野菜の水分が抜け、うまみが凝縮しやすくなります。

3

野菜が透明になったら、赤と黄のパプリカを鍋に加えてさらに炒める。

野菜のうまみを引き出します。ただし色づけないように。

4

野菜全体がくったりしたら、生トマト、カットトマトを加える。

5

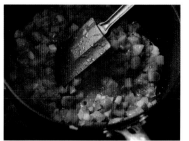

中火のまま、水分を煮詰めていく。

目安は、トマトが煮くずれる直前まで。

6

水約400mlを加え、タイム、ローリエ、ドライオレガノ、塩1つまみを加える。

水の量は野菜をギリギリおおう程度にとどめます。

7

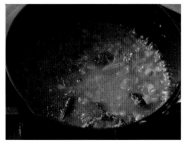

沸いたらブロッコリーを加え、火が入るまで約1分間煮る。塩、こしょうで味をととのえ、火を止める。

長く煮る必要はありません。味がまとまればOK。長く煮込むとむしろ野菜の香りが飛んでしまいます。

8

器に盛り、イタリアンパセリ、粉チーズをふり、オリーブオイルをたらす。好みでバゲットのトーストを添える。

POINT

野菜の炒め方が決め手

野菜は3段階に分けて炒めます。「うまみを重ねていく」イメージで、まずは香味野菜（玉ねぎ、にんじん、セロリ）、つぎにパプリカ、さらにトマト。各段階でうまみをしっかりと引き出してから、つぎの野菜を加えます。

ポテトサラダ

下味をつけたじゃがいもに
ふんわりとソースをのせる

このポテトサラダの決め手はじゃがいもの下味です。甘じょっ
ぱいと感じるくらい塩と砂糖を入れた水でゆで、味をしみこま
せるんです。ゆであがりを食べて、それだけでおいしく感じる
ことがポイント。ソースには塩気をもたせずに、じゃがいもと
野菜のうまさを引き立たせます。

材料

じゃがいも ...... 4 個

水 ...... 約 1.2 L

A | 塩 ...... 大さじ 3
  | 砂糖 ...... 大さじ 3

固ゆで卵（粗きざみ）...... 2 個

玉ねぎ ...... 1/5 個

にんじん ...... 1/4 本

きゅうり ...... 1/2 本

クリームチーズ 30g

はちみつ 10g

牛乳 ...... 適量

レモン汁 ...... 1/4 個分

生クリーム ...... 適量

1

じゃがいもの皮をむき、1/8 程度に切り分ける。鍋に水、材料 **A** を入れて沸騰させ、じゃがいもを入れてゆでる。

別に、固ゆで卵も用意しておきます（沸騰した湯に常温の卵を入れて 9 分間ゆでる。水に浸けて冷ます）。

2

じゃがいもに火が入ったら（竹串を刺してスッと通るまで）、ざるに上げてしばらく置き、余分な水分を飛ばす。

3

玉ねぎを薄切りにする。にんじんを半月型の薄切りに、きゅうりは薄い輪切りにする。ボウルに合わせ、塩1つまみをふりかけ、約 2 分間かけて手でもみ込む。

4

野菜をぎゅっと握って水気を絞る。

水気がしっかりきれていないとサラダの味がボケてしまいます。玉ねぎは水気とともにえぐみが抜け、甘みが出ます。

5

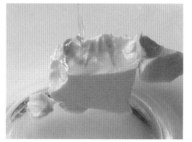

ボウルにクリームチーズとはちみつを練り合わせて、やわらかくする。

6

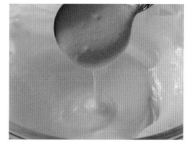

少量の牛乳、レモン汁を加え、マヨネーズ状のとろみになるように調整する。

7

2 を入れ、スプーンでざっくりつぶしながら混ぜる。

つぶしすぎず、じゃがいもの形が適度に残るように。

8

4 の野菜と固ゆで卵を加えてさっくりと混ぜる。口当たりがかたい場合は、牛乳や生クリームを加えて調整する。

卵は最初から入れるとつぶれてペーストになってしまうので、最後に加えます。

POINT

マヨネーズではなく、クリームチーズ風味

ポテトサラダのソースはマヨネーズが主流ですが、このレシピでは、クリームチーズとはちみつがベース。「味をつける」ためのソースというよりも、具材と具材をつなぎ、ふんわり感とコクを与えるまとめ役です。

キャロットラペ

甘酸っぱく仕上げよう

おなじみのせん切りにんじんのサラダです。ビネガーだけを使うレシピもありますが、はちみつを加えて甘酸っぱくすると、にんじんの自然な甘みがきわ立ちます。オレンジを加えるとさらに爽やかさ、ジューシー感がアップ。材料のクミンパウダーは好みで加えてください。一気に南フランスの香りただよう本格派の味になります。

材料

にんじん 1本

塩 ...... 適量

ネーブルオレンジ ...... 1/2 個

A
白ワインビネガー 大さじ1
はちみつ 大さじ1
粒マスタード 大さじ1
クミンパウダー（好みで）...... 適量

〔**トッピング**〕

オレンジの果肉のカット

ディル

1

にんじんを(せん切り器、しりしり器などで)細長く削りおろす。

おろし器がなければ包丁でせん切りに。

2

1をボウルに入れ、塩2つまみをふる。2〜3分間かけて、箸でしっかりと混ぜる。

3

にんじんがくたっとしたら両手でぎゅっと絞り、水分を落とす。

4

オレンジの表皮を削ぐように切り取る。

オレンジの香り成分は表面にあるのでここだけを削ります。白い部分は使いません。

5

極細のせん切りにして3に加える。

6

3にオレンジの搾り汁を加える。

7

材料Aも加え、よく混ぜて味をなじませる。

POINT

最初に塩でにんじんを脱水させる

おいしさのポイントは、他の調味料を加える前に、塩のみをにんじんにしつこいくらいによく混ぜ、そして水気を十分に絞ること。塩の力でしっかりと脱水させることで、後から加える材料の味がよりクリアに生きるのです。水っぽさのない、味にも歯ごたえにもメリハリのある仕上がりになります。

盛りつけ:皿に盛り、カットしたオレンジをのせる。ディルを散らす。

マンハッタンコールスロー

クリームチーズとハーブの風味で

アメリカ時代に友達がつくっていたクリームチーズ味のコールスローで
す。口当たりがマイルドで軽やかなコクがあり、白ワインによく合いま
すし、子どもたちのウケもいいですよ！　おいしさのポイントは、フレッ
シュハーブのディル。すっきりとした香りが口の中いっぱいに広がります。

材料

きゃべつ ...... 1/4 個	マヨネーズ 25g
紫きゃべつ ...... 1/10 個	**A** レモン汁 ...... 1/2 個分
にんじん ...... 1/2 本	はちみつ ...... 小さじ 1
セロリ ...... 1 本	ディル（みじん切り）...... 適量
塩 ...... 小さじ 1	〔**トッピング**〕
クリームチーズ 50g	イタリアンパセリ（きざむ）...... 適量
牛乳 ...... 大さじ 2	粉チーズ ...... 適量
	黒こしょう（粗挽き）...... 適量

1

きゃべつ、紫きゃべつ、にんじん、セロリをせん切りにする。ボウルに合わせる。

2

塩を加えて手でしっかりと混ぜる。1 分間以上かけて、じっくりもみ込む。

3

クリームチーズと牛乳をボウルに入れ、混ぜ合わせる。なめらかになったら、材料 **A** を加え混ぜる。

4

ディルをきざんで加える。

5

へらで均等に混ぜ合わせる。

6

2 の野菜を手でつかんでぎゅっと絞り、水分を落とす。

7

6 を **5** のボウルに加え、混ぜ合わせる。

盛りつけ： 器に盛り、粉チーズと黒こしょうをかける。イタリアンパセリを散らす。

ラタトゥイユ

トマト味が勝ちすぎないように

南仏風の夏野菜の炒め煮です。トマトは必須材料ですが、とは
いえ濃厚なトマト味ってすべてを牛耳ってしまうでしょ？ そ
うならないようトマトの量はやや控えめで、煮込みも短時間。
パプリカならパプリカ、ズッキーニならズッキーニのおいしさ
があり、しかも一体感がある、ぼくの理想のラタトゥイユ。

材料

にんにく（つぶす）...... 1 かけ
玉ねぎ（角切り）......大 1/2 個
トマト（角切り）...... 1 個
ホールトマト（缶）...... 100g
赤パプリカ（一口大）...... 1/2 個
黄パプリカ（一口大）...... 1/2 個
ズッキーニ（輪切り）...... 1 本
なす（輪切り）...... 2 本
タイム ...... 軸 2 〜 3 本
塩、オリーブオイル ...... 各適量
イタリアンパセリ（きざむ）...... 適量

1

鍋にオリーブオイル（大さじ1）と
にんにくを入れ、中火にかける。

オイルは多め。にんにくを揚げるような感
じにして香りを移します。

2

にんにくがキツネ色になったら、玉
ねぎ、塩1つまみ、タイムを加え
て炒める。

3

玉ねぎが透明になったら、生トマト、
ホールトマトを加える。弱火で煮て、
水分を飛ばしていく。

玉ねぎとトマトを煮ている間に、別のフラ
イパンで他の野菜を順々に炒め、この鍋に
加えていきます。

4

フライパンにオリーブオイルをひき、
赤と黄のパプリカ、塩1つまみを
入れ、弱～中火で炒める。しんなり
したら**3**の鍋に加える。

5

フライパンになすを並べ、オリーブ
オイルひと回し分、塩1つまみを
加え、中火で片面ずつきれいに色づ
くまで焼く。皿に取り出す。

なすを置いたら「いじらない」。やたらと
動かすときれいに色づきません。底面が色
づいたら裏返して同様に焼きます。

6

ズッキーニの両面をナスと同様の手
順で焼く。皿に取り出す。

なすもズッキーニも油をどんどん吸います
が、むやみに足すと油っぽくなるので、加
えるとしても最小限に。火が入れば、野菜
から油分が出てきます。

7

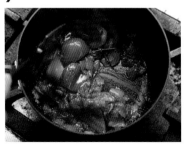

3の鍋の水分が煮詰まり、トマト
が野菜にしっかりとからまった状態。

パプリカを入れてから約10分後。

盛りつけ：皿に盛り、
イタリアンパセリを散らす。

8

5と**6**を入れて少量の水（分量外）
を足し、軽く煮てなじませる。火を
止めて、タイムを取り出す。常温に
なるまで冷ます。

冷ますことで味が落ち着き、ひとつにまと
まります。

POINT
野菜それぞれの色、味、
歯ごたえを生かすために

❶ 野菜を大きめに切る（仕
上がりの色も映えます）。

❷ なす、パプリカ、ズッキー
ニは長時間煮ない。個別にソ
テーして香りと歯ごたえを生
かし、最後にさっと煮合わせ
る（1つのコンロで調理する
場合は、最初に全ソテーを済
ませてから玉ねぎを炒めてく
ださい）。

ガスパチョ

冷たさもごちそう

夏野菜をビネガーと一緒にミキサーにかけるだけ。暑い日には
とくにうれしい。ビタミンとミネラルたっぷりの「飲むサラダ」
です。材料のにんにくは、好みで量を調整してください。あと
はとにかく、しっかりと冷やすこと。温度でおいしさが確実に
変化します。

材料

トマト ...... 2 個

食パン ...... 1 枚

にんにく ...... 少量（薄切り 2 〜 3 枚）

A
| 赤パプリカ（ざく切り）...... 3/4 個
| 黄パプリカ（ざく切り）...... 3/4 個
| 赤玉ねぎ（ざく切り）...... 1/4 個
| きゅうり（皮をむいてざく切り）
| ...... 1/2 本
| スモークパプリカパウダー
| ...... 小さじ 1/2
| 白ワインビネガー ...... 大さじ 1

3〜4人分

塩 ...... 適量

レモン汁 ...... 1/4 個分

オリーブオイル（仕上げ用）...... 適量

〔**浮き実**〕

赤パプリカ ...... 1/4 個

黄パプリカ ...... 1/4 個

きゅうり ...... 1/2 本

バジル（きざむ）...... 適量

1

トマトをざく切りにする。

トマトは甘みの強いタイプではなく、昔ながらの酸味の強いものが向いています。

2

パンをざく切りにする。

パンはスープに濃度をつける役を担います。

3

1と**2**、にんにくをボウルに合わせ、よく混ぜる。

トマトとにんにくの香りをパンになじませます。にんにくの量は好みで調整してください。

4

材料 **A**、塩 1 つまみを加える。

赤玉ねぎを普通の玉ねぎに変えると辛みが出ます。気になるなら塩でもんで水気を絞り、えぐみを抜いてください。

5

ミキサーにかけて、なめらかなピューレ状にする。

6

氷水にあてて、混ぜながら急冷する（または冷蔵庫に入れる）。塩で味をととのえ、仕上がりにレモン汁を加える。

7

浮き実の野菜をさいの目に切り揃える。

POINT

浮き実で、おいしさ グレードアップ

材料野菜を細かく切り揃えて浮き実にするのは、飾りのためではありません。シャキシャキした歯ごたえが加わることで、スープの味わいがより深まるんです。このひと手間をかけることで、確実においしさがワンランクアップします。

盛りつけ：器に盛り、オリーブオイルをまわしかける。浮き実、バジルをのせる。

フムス

材料

ひよこ豆（水煮）...... 300g

にんにく（芯を除き、粗切り）...... 1/4 片

A
│ 白ごまペースト 40g
│ ディジョンマスタード 30g
│ オリーブオイル 80ml
│ レモン汁 40ml
│ 塩 4g

〔**トッピング**〕

ひよこ豆（水煮）...... 適量

オリーブオイル（仕上げ用）...... 適量

イタリアンパセリ（きざむ）...... 適量

スモークパプリカパウダー ...... 適量

豆好きにはたまらない

ニューヨークで人生最初のフムスを食べたときはそのおいしさに衝撃を受けたものです。シンプルなのに味が深い！何年か後にイスラエルを訪れ、行く先々でさまざまな味わい、食べ方を経験したことも印象的です。中東料理の代表ですが、日本人の口に合いますよね。そのまま食べてよし、パンやクラッカーのディップにしてよし、肉や魚のソースにもなります。

ひよこ豆は水煮缶を利用。乾燥豆を使う場合は、125g の豆をひと晩水につけてもどし、0.7％の塩水でやわらかくなるまでゆでて水をきります。

1

ミキサーボウルにひよこ豆、にんにく、材料 **A** を入れる。

中東ではタヒニというごまペーストを使います。日本の白ごまペーストで代用できます。

2

ミキサーにかけ、なめらかなピューレ状にする。水分が足りない場合は、ひよこ豆の水煮缶の汁を適量加える。

3

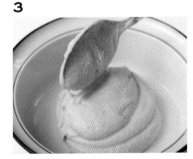

器にとる。真ん中をくぼませてオリーブオイルを入れる。トッピング用のひよこ豆をのせ、イタリアンパセリ、スモークパプリカパウダーをかける。

盛りつけ：好みでトースト、ピタパンなどを添える。

焼きなす、
焼きズッキーニ、
玉ねぎのサルサ

温かくしても、冷たくしても

焼きたてのなすとズッキーニに、シャキシャキした歯ごたえの
サルサとオリーブオイルをかけて。野菜が熱いうちに食べても
いいし、冷蔵庫に入れておけばコクのあるおいしいマリネ料理
になります。お好みでサルサに生トウガラシを少量加えると、
ピリッとした大人の味になります。

材料

ズッキーニ 1本
長なす 1本
塩、オリーブオイル ...... 各適量
〔 玉ねぎのサルサ 〕
玉ねぎ（みじん切り）...... 1/2個
塩 ...... 適量
イタリアンパセリ ...... 軸2～3本分
バジル ...... 軸2～3本分

A
アップルビネガー（または白ワインビネガー、レモン汁）...... 大さじ2
オリーブオイル 大さじ3
塩 1つまみ
こしょう ...... 少々

オリーブオイル（仕上げ用）...... 適量

焼き野菜

1

ズッキーニを半分に切り、縦に厚さ1cmに切る。

2

長なすを半分に切り、縦に厚さ1cmに切る。

3

フライパンにオリーブオイルをひいて中火にかけ、なすとズッキーニを並べる。塩1つまみをふる。

きれいに焼くために、重ねずに並べること。全部が並ばない場合は何度かに分けて焼きます。

4

そのまま動かさずに、じっくりと焼く。オイルを吸うので、途中足りなくなったら追加する。

5

底面を見て香ばしく色づいたら裏返し、反対面も同様に色づける。取り出す。

同様にして2回目、3回目を焼きます。

玉ねぎのサルサ

6

玉ねぎのみじん切りに、塩少々をふりかけ、手で1分間もみ込む。

7

手でギュッと絞って、水分をきる。

水分とともにえぐみが抜けます。

8

イタリアンパセリ、バジルの葉をそれぞれ1cm四方程度にきざむ。

9

7に8と材料Aを加えて、よく混ぜる。

盛りつけ：なすとズッキーニを皿に並べ、玉ねぎのサルサを盛る。

オリーブオイルをたっぷりとかける。

フライドポテト

ガーリック風味でガツンと香ばしく

濃いめの揚げ色、カリッカリの香ばしさ、しかも中はホクホク。
ガーリックとタイムの香りのきいたパワフルなフライドポテト
です。おいしく揚げるためのポイントは二度揚げ。ゆっくりと
時間をかけた下揚げでじゃがいもの水分を抜き、2度目は皮付
きにんにくと一緒に高温で揚げます。思い切って色づけて、ガ
ツンと香ばしく仕上げましょう。

材料

じゃがいも（メークイン）...... 大2個
にんにく（皮付き）...... 4かけ
タイム ...... 軸5〜6本
ローズマリー ...... 軸2〜3本
揚げ油 ...... 適量
塩 ...... 適量

1

じゃがいもを洗い、皮付きのまま縦に 1cm 幅に切る。それを 1cm 幅に切って棒状にする。

1 本 1 本を長くとりたいので、縦長の方向に切り分けます。

2

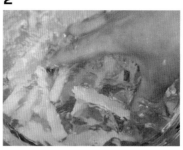

ボウルに入れて流水で洗い、デンプンを落とす。

揚げる際に、切り口にデンプンがあると焦げるので洗い流します。

3

ざるに上げ、布巾かキッチンペーパーにのせて水気をしっかりきる。

下揚げ

4

鍋に油をはり、**3** を入れる。火にかける（弱〜中火）。

下揚げは低温で。常温から揚げはじめます。

5

約 150℃（小さな泡がシュワシュワとたっている状態）を弱火でキープして、20 分間揚げる。

仕上がりの香ばしさはこの下揚げで決まります。揚げが不十分だと水分が残り、べたっとしてホクホクに仕上がりません。

6

火を止めて、いったんじゃがいもを引き上げ、キッチンペーパーにとって油をきる。

仕上げの揚げ

7

残った油ににんにくを入れて点火する。下揚げより高い温度（約 180℃）で揚げる。

にんにくを揚げながら、油に香りをつけます。

8

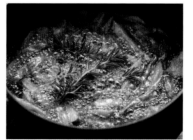

にんにくから出る泡が小さくなったら、**6** とタイム、ローズマリーを入れ、濃いめに色づくまで揚げる（目安は約 2 分間）。

9

火を止めて、じゃがいもを引き上げ、キッチンペーパーにとって油をきる。塩をふる。

ハードなポテトチップス

香ばしさも味のうち

焦げる寸前までハードに揚げた、皮付きのポテト
チップスです。口に入れたらガリッ、パリッ。香ば
しさも味のうちで、これがお酒によく合います。

材料

じゃがいも

揚げ油

塩

1

じゃがいもを洗い、皮付きのままス
ライサーで薄切りにする。

2

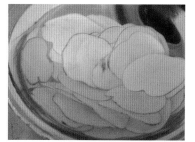

ボウルにとって静かに流水にさらし、
デンプンを落とす。水が透明になっ
たらOK。

3

布巾かキッチンペーパーの上にとり、
しっかりと水気を取る

4

揚げ油を用意して、160℃になった
ら、じゃがいもを1枚ずつ入れる
（中火）。

最初に1枚入れてみて、いったん沈んで
3秒後にふわっと浮かんできたら温度OK。
あとは1枚ずつ次々と入れます。

5

じゃがいもがくっつかないよう軽く
混ぜる。やわらかいうちは破けやす
いので、できるだけ触らない。

水分が抜けると、触っても破けなくなりま
す。強火・高温だと焦げるので中温を保っ
て揚げます。

6

4〜5分間揚げてしっかりと色づい
たら、キッチンペーパーにとって油
をきる。仕上げに塩をふりかける。

ジャーマンポテト

やみつき系ポテト料理

じゃがいも＋にんにく＋玉ねぎ＋ベーコン……どうやっても間違いない組み合わせですが、このジャーマンポテトはとびきり。カギは下ゆで。皮付き丸ごとのじゃがいもをにんにく、塩、砂糖入りの水でゆで、ガーリック風味をしっとりとしみ込ませておくんです。ソテーする前からすでにおいしくて、ソテーしたらさらにおいしい！ ソテーの最後に醤油を加えて、香ばしさを強調します。

材料

じゃがいも 2個

A ｜ 砂糖 大さじ3
　｜ 塩 大さじ3

にんにく（皮付き・つぶす）...... 3かけ

オリーブオイル ...... 適量

玉ねぎ（薄切り）...... 1/4個

ベーコン（短冊切り）...... 20g

バター 10g

ドライオレガノ ...... 適量

醤油 小さじ1/2

塩、こしょう ...... 各適量

イタリアンパセリ（きざむ）

黒こしょう（粗挽き）

下味、下ゆで

1

皮付きのじゃがいもを鍋に入れ、水を入れる（かぶる程度）。材料 **A**、にんにくを加えて火にかけ、ゆでる。

「甘じょっぱい」水でゆでることで、じゃがいもにしっかりと下味がつきます。

オーブン焼き

2

ゆで上がったじゃがいもを一口大に切り分ける。

3

フライパンにオリーブオイルを熱し、**2** を入れる（中火）。

じゃがいもがくずれないよう、まず最初に表面を焼き固めます。

4

各面を順に焼きつけて、こんがりと色づける。

5

玉ねぎを入れ、塩、こしょうをふって、炒める。

6

玉ねぎが軽く色づいたら、ベーコン、バターを加える。

7

ドライオレガノ、醤油を加えてさっと炒め合わせ、火を止める。

醤油は隠し味。香ばしさを与えます。

盛りつけ：皿に盛り、イタリアンパセリを散らして黒こしょうをかける。

れんこんのガレット

外はカリカリ、 中はもっちり

れんこんのスライスを重ねてバターでゆっくりと焼くだけ。表面はカリッカリに香ばしくて、中はもっちりで自然な甘み。冷めてもおいしいけど、アツアツの焼きたては最高です。大人にとってはビールの絶好のお供ですね。とっても簡単なので、キャンプ飯にも向きそう！

材料

れんこん 300g	
A	薄力粉 15g
	コーンスターチ 10g
	粉チーズ 15g
	塩 2g
オリーブオイル ...... 適量	
バター 30g	

1

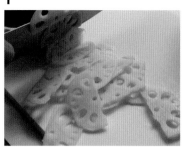

れんこんの皮をむき、縦半分に切って薄切りにする。ボウルに入れる。

スライサーで透けるほどの極薄にすると焼いたときにもっちり感が出ないので、包丁で切ります。

2

ボウルに材料 **A** を入れ、れんこんを加えてよく混ぜる。

塩の効果でれんこんから水分が出て、この水分と粉が混ざって「衣」になります。

3

フライパンにオリーブオイルを多めにひいて弱火にかける。

4

れんこんを入れて全体に広げ、ちぎったバターを散らす。

れんこんの層が厚すぎると焼きにくいので、多量に仕込んだ場合は何回かに分けて焼いてください。

5

ときどき上からフライ返しで押さえつけながら、弱火で焼いていく。

しだいに底面がこんがり色づいていきます。

6

片面を約5分間焼いて、底がきれいに色づいて固まったことを確認して、ひっくり返す。

フライパンを揺すったときに全体がスルスルと動けば、ひっくり返しの合図。

7

同様にして反対面も約5分間かけて焼く。

ふんわりスクランブルエッグ

フライパンの中で「混ぜない」

ホテルの朝食のようにとろーりとしたスクランブルエッグをつくりましょう。耐熱のゴムべらがあると便利です。ポイントは「混ぜない」こと。ついつい卵液を混ぜたくなりますが、混ぜない。表面のゆるゆるを「へらで寄せる」だけ。これを数回繰り返して仕上げます。弱火を保ち、あわてずに！

材料

卵 2個

生クリーム 50ml

バター 15g

塩、こしょう ...... 各適量

〔つけ合わせ〕

ベーコン（ソテーしたもの）...... 適量

黒こしょう（粗挽き）

スモークパプリカパウダー（好みで）

1

卵をボウルに割り入れ、箸で混ぜて
コシをきり、塩、生クリームを加え
混ぜる。
卵は泡立てないように混ぜます。

2

フライパンにバターを入れて、火に
かける。

3

バターが溶けたら弱火にして、**1**の
卵液を流し入れる。

4

底面が固まるまで、いじらずに15
秒ほど待つ。
火が強いと卵がハイスピードで固まってし
まうので、あくまで弱火。

5

底が軽く固まったら、へらを立てて
表面のゆるゆる卵液を外側から中心
に向かってゆっくりと動かす。
ガーっと混ぜたくなりますが、混ぜない。
卵液を「寄せる」だけ。5〜6回繰り返し
ます。

6

真ん中はふわふわ、その周囲の表面
は液状。

7

ふちが固まってきたら、ふちごと真
ん中に手繰り寄せる。

8

すぐに、反対側からも同じように卵
液を寄せて、ふわふわを軽くまとめ
る。フライ返しを使って皿に移す。

盛りつけ: スクランブルエッグにベーコンのソテーを添える。
塩と黒こしょうをかける。好みでスモークパプリカパウダーをかける。

オープンオムレツ

失敗なし！　包まないオムレツ

オムレツの何がむずかしいってあの形に包むことで、包まなければハードルはぐーんと下がります。このオムレツは、卵をフライパンに流しこむだけ。火加減さえ間違えなければ、真ん中がとろとろの半熟オムレツができます。具材をたっぷりのせて「おかずオムレツ」として仕上げましょう。

材料   2 〜 3 人分

卵 ...... 3 個

塩 ...... 適量

生クリーム（好みで）...... 20ml

バター 10g

ピザ用チーズ ...... 大さじ 2

バジル（きざむ）...... 適量

黒こしょう（粗挽き）...... 適量

〔 **具材** 〕

にんにく（薄切り）...... 1/4 かけ

玉ねぎ（角切り）...... 1/4 個

ベーコン（短冊切り）...... 50g（2 〜 3 枚）

マッシュルーム（厚めスライス）...... 3 個

プチトマト（四つ切り）...... 2 〜 3 個

オリーブオイル　大さじ 1/2

塩 ...... 適量

具材

1

フライパンにオリーブオイル、にんにくを入れて熱し、玉ねぎ、塩少々を加えて炒める。

2

玉ねぎが透き通ったらベーコンを加えてさっと炒める。

3

マッシュルームを加えてさらに炒め、火が通ったらプチトマト、塩少々を加えてさっと炒め合わせ、火を止める。

オムレツ

4

卵を箸でといて完全にコシをきり、塩、生クリームを加えてよく混ぜる。
生クリームはなしでもかまいませんが、加えるとコクが出ます。

5

フライパンにバターを入れて熱し、溶けたら**1**を入れる（弱〜中火）。

6

卵液の表面を箸でゆっくりと混ぜながら加熱する。

7

「液体と半熟が半々」くらいになったら、チーズを全面に散らす。そのまま加熱し、底面が固まったら皿に移す。

8

すぐに**3**をのせる。バジル、黒こしょうをふりかける。

POINT
具材のアレンジはお好みで

卵はバターで、具材はにんにくオイルで……と、油脂を使い分けることで風味のコントラストが生まれます。具材はお好みで自由にアレンジしてください。夏ならとうもろこしを加えたり（子どもが喜びます）。秋ならミックスきのこのソテー（タイムかローズマリーを一緒に炒めて香りづけ）もおすすめです。

スパニッシュオムレツ

玉ねぎとじゃがいも入りのオムレツ

妻のお母さんの得意料理。玉ねぎとじゃがいもを「ちょっと多いかな」と思うくらいのオリーブオイルで炒めて卵でまとめます。最初に玉ねぎの甘みをしっかりと引き出すことがポイント。上下をひっくり返すときに受け皿が必要なので、大きな平皿か鍋の蓋を用意してください。熱々でも、冷めても、どちらもおいしいことが特徴です。

材料

卵 3個

玉ねぎ（薄切り）...... 1個

にんにく（みじん切り）...... 1かけ

じゃがいも（薄切り）...... 2個

オリーブオイル ...... 大さじ4〜5

塩 ...... 適量

1

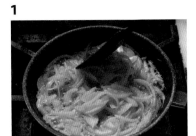

フライパンに多めのオリーブオイル
とにんにくを入れて熱し、玉ねぎを
入れて中火で炒める。

玉ねぎはキツネ色になりかけるまで炒めて
甘みを引き出します。

2

じゃがいも、塩1つまみを加え、
弱火にしてときどき混ぜながら約
10分間加熱する。

普通の「炒める」より油が多めです。油で
「炒め煮」にするような感じ。

3

じゃがいもに火が通ったら（ほろっ
とくずれるくらい）、火を止めて、
フライパンの油をきる。

にんにくや玉ねぎの風味がついたおいしい
油です。うちではよくパンにつけて食べて
います。もちろん別の炒めものに使っても！

4

卵を箸でといてコシをきる。フライ
パンのじゃがいもと玉ねぎを均等に
ならして卵液を流し入れる。弱火で
加熱する。

卵液を流したら均等に広がるよう軽くなら
す。卵が固まりはじめたら触らずに。

5

ふちが固まってきたら、へらを差し
込んで、フライパンから軽くはがす。

このとき表面は半熟、底面は固まってきれ
いに色づいている状態です。

6

ひっくり返し❶　すぐに皿をフライ
パンにかぶせる。

7

ひっくり返し❷　皿とフライパンの
上下をひっくり返し、皿でオムレツ
を受ける。

8

ひっくり返し❸　オムレツを皿から
すべらせてフライパンに戻す。

これで上下が逆になりました。ここから下
面も色づけます。

9

オムレツの底が固まって軽く色づ
くまでさらに焼く。皿をかぶせ、**6**
〜**7**の手順で上下を返しながら皿
に盛る。

Chapter.
4

洒落ていこう、
軽食から
デザートまで

" Light Meal & Dessert "

ベーグル

パンづくり第一歩にピッタリ

ベーグルを自家製してみませんか？　材料は粉、塩、砂糖のみ。発酵のプロセスがシンプルでしかも短時間なのでつくりやすく、パンづくりが初めての人でもトライしやすいと思います。ベーグルは生地が詰まっていて、もちもちしているので腹持ちがよいのが特徴で、クリームチーズやブルーベリージャムがよく合います。写真のサンドイッチ例では、レタス、スクランブルエッグ、ベーコン、アボカドを挟んでいます。

材料　　　　　　　　　　4個分

〔 生地 〕

強力粉 250g

きび砂糖 10g

塩 4g

ドライイースト 3g

ぬるま湯 135ml

強力粉（打ち粉用）...... 適量

〔 ゆで湯 〕

水 ...... 1 L

はちみつ 10g

POINT

なぜゆでる？

パン生地は加熱することで膨らみます。普通のパンの加熱は「焼く」ですが、ベーグルの場合は「ゆでる＋焼く」。ゆでることでデンプンの性質が変わり、焼いてもそれ以上膨らまない＝目の詰まったもちもち食感になるんです。

「ゆでる」「焼く」の間をあけない

ベーグルをゆでた時点でオーブンが200℃に予熱されていないと、生地の温度が下がってしぼんでしまいます。「ゆでる、焼く」は一連の加熱なので中断ができません。ゆでる前に、オーブンの温度の確認が必須です。

生地をつくる

1

ボウルに強力粉、きび砂糖、塩を合わせ、ぬるま湯を加える。イーストを加える。

2

イーストが湯に溶けたら、生地を手で混ぜる。

水気が少ないので最初はポロポロとしています。混ぜているうちにまとまってきます。

3

ざっと生地がまとまったら、（まな板などの）台の上に取り出す。

生地を分け、休ませる

4

手のひらに体重をかけ、スナップをきかせて生地をこねる（2〜3分間かけてしっかりとこねる）。

ここで生地をこねることでグルテンが強くなります。こね方が足りないと、モチモチ感が十分に出てきません。

5

生地の表面につやが出てきたらひとつにまとめる。ラップフィルム（または濡れ布巾）をかけて、常温下に10〜15分間置く。

リングにする

6

生地を4つに分割する。

7

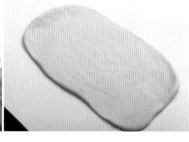

台の上に生地を取り出す。ひとつずつ丸め、麺棒でおよそ20cm×10cm程度にのばす。

8

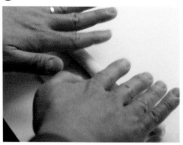

生地の長辺をくるくると巻いて棒状にする。

9

片方の端を押しつぶして平らにする。

10

両端をつないで輪にし、平たい端を相手にかぶせてしっかりと押さえる。

発酵させる
11

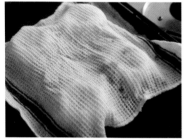

天板に打ち粉をしてベーグルを並べ、濡れ布巾をかけて温かい場所に30分間置く。

12

発酵して約2倍に膨らんだベーグル。
発酵させている間に、オーブンを200℃に予熱しておきます。

ゆでる ⇨ 焼く
13

鍋に湯を沸かし、はちみつを加える。中〜弱火（85〜90℃）にして、ベーグルを入れる。1分間後に裏返し、さらに1分間ゆでる。
はちみつを入れるのは、焼いた時に表面にきれいな焼き色をつけるため。ほかにモルトビネガーや重曹を使う方法もあります。

14

ベーグルを引き上げたらオーブンシートを敷いた天板に並べ、すぐに200℃のオーブンに入れて20分間焼く。

タルトフランベ

軽やか！ アルザス風薄焼きピザ

タルトフランベとは、アルザス風の薄焼きピザのこと。定番具
材は玉ねぎ、ベーコン、フロマージュ・ブラン（ここではサワー
クリーム）。黒こしょうをきかせて玉ねぎの甘みを引き立てま
す。ピザよりも口当たりが断然軽いのでおつまみにはピッタリ
で、もちろん子どもにも人気です。本来パン生地を使いますが、
冷凍パイシートを使えば超簡単です。

材料

冷凍パイシート 1枚

薄力粉（打ち粉用）...... 適量

新玉ねぎ（または玉ねぎ）...... 1/2個

ベーコン 3枚

サワークリーム 60g

牛乳 ...... 適量

塩 2つまみ

黒こしょう（粗挽き）...... 適量

オリーブオイル（仕上げ用）...... 適量

1

玉ねぎを薄切りにする。ベーコンは
短冊に切る。

調理の開始時点で、オーブンは180℃に予
熱しておきます。

2

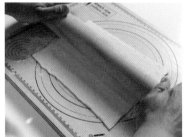

解凍した冷凍パイシート（18cm ×
18cm）を、適宜打ち粉をしながら
麺棒でひとまわり大きく（厚さ約
1mm）のばす。

3

サワークリームに牛乳大さじ1程度
を加えてゴムべらで練り合わせ、や
わらかくする。

パイシートにぬりやすくするため。サワー
クリームを常温にもどしておくとのびやす
くなります。

4

パイシートの上に、3のクリームを
少量ずつところどころにぬる。

サワークリームで代用していますが本来は
フロマージュ・ブランを使います。いずれ
でも、かすかな酸味がベーコンのうまみ、
玉ねぎの甘みを引き立てます。

5

玉ねぎとベーコンをのせる。塩、黒
こしょうを全体にふりかけ、オリー
ブオイルをひと回しかける。

6

180℃のオーブンに入れ、15 〜 20
分間焼く。

ピザトースト

我が家のオリジナル・ピザトースト

好きな具材をたっぷりのせて。ピザトーストは「子どもと一緒
につくる最初の料理」としてもおすすめです。パンを焼く、野
菜を切る、チーズを散らす……はじめて包丁を握る子どもたち
にも向いていますし、しかもトースターの中でチーズが溶けて
いくのを待つのが楽しい！

材料	2人分

〔 自家製トマトペースト 〕

にんにく（みじん切り） ...... 1/2 かけ

オリーブオイル ...... 大さじ 1

ケチャップ 60ml

〔 ピザトースト 〕 2枚

食パン 2枚

A
| 玉ねぎ ...... 1/2 個 |
| アボカド ...... 1/2 個 |
| マッシュルーム ...... 4 個 |
| ピーマン ...... 1 個 |
| ウインナー ...... 2 本 |

コーン（缶）...... 適量

ピザ用チーズ 140g

自家製トマトペースト

1

フライパンにオリーブ油、にんにくを入れて中火にかける。

2

香りが出たらケチャップを入れて弱火で煮詰める。焦げる前に火を止める。

ケチャップににんにくの香りをつけて水分を飛ばすだけで、香ばしいトマトペーストになります。

ピザトースト

3

材料 **A** をそれぞれ薄切りする。食パンをトースターで焼いておく。

4

トーストにトマトペーストをぬる。

5

ペーストの上に玉ねぎを敷き詰め、アボカド、マッシュルーム、ピーマン、コーン粒を散らす。

6

ピザ用チーズを盛り、ウインナーをのせる。トースターで焼く。

チーズが溶けて、焼き色がつくまで。

にんじんご飯

うちの定番炊き込みご飯

母から受け継いだ、米澤家の定番メニューです。にんじん
のやさしい甘みが食欲をそそって、うちの子たちも大好き。
ご飯を炊くときにサラダ油を少し加えると、にんじんの風
味が立ち、ご飯もふんわりと仕上がります。

材料	つくりやすい量
米（洗う）...... 2合	
にんじん 1本	
しめじ 1パック	
水 400ml	

A	みりん 小さじ2
	酒 小さじ2
	醤油 小さじ2
	塩 小さじ1
	サラダ油 小さじ2

炒りごま（トッピング／好みで）

1

にんじんの皮をむき、長さ約4cm
のせん切りにする。しめじは洗って
切り分ける。

2

鍋または炊飯器に米、にんじんを入
れる。

3

しめじを散らし、水、材料Aを加
える。10分間置いてから、炊きは
じめる。

盛りつけ：茶碗に盛り、炒りごまを散らす。

パエリア

魚介いろいろ豪華版

パエリアはスペインでもホリデーのごちそうです。食卓にどんと鍋をのせたら気分が上がりますよね！ できるだけお米を薄く広げて炊くと、パエリアらしい少し乾いた感じに仕上げやすくなります。大きなフライパンがあれば使ってください。なおこのレシピは市販のだしは不使用。殻付きアサリと鶏肉があれば、ナチュラルでおいしいパエリアがつくれます。

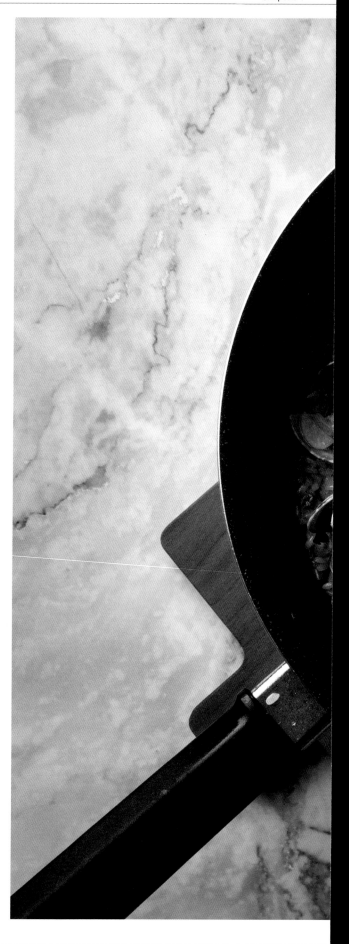

材料　　　　　　　　　　　3〜4人分

〔**アサリのだし**〕

アサリ（砂抜き、洗う）...... 25〜30個（約300g）

オリーブオイル 大さじ1

にんにく（薄切り）...... 1かけ

タカノツメ（タネを取る）...... 1/2本

白ワインまたは酒 60ml

水 200ml

サフラン 1つまみ

〔**パエリア**〕

米（洗わない）...... 1.5合

アサリだし ...... 約300ml（足りなければ＋水）

オリーブオイル ...... 適量

玉ねぎ（みじん切り）...... 1/2個

にんにく（みじん切り）...... 1かけ

鶏肉（大きめ角切り）...... 100g

赤パプリカ（角切り）...... 1/2個

黄パプリカ（角切り）...... 1/2個

有頭エビ（背ワタを除く）...... 3〜4尾

　　または殻付きエビ（背ワタを除く）...... 6〜8尾

　　好みで冷凍シーフード（ホタテ、イカなど／

　　　解凍する）...... 適宜

イタリアンパセリ ...... 適量

レモン 1/2個

塩、こしょう ...... 各適量

オリーブオイル（仕上げ用）...... 適量

アサリのだしをとる

1

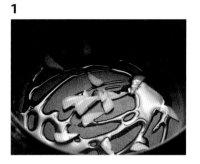

鍋にオリーブオイルをひき、にんにく、タカノツメを入れて中火にかける。

2

すぐにアサリを加える。白ワインをふりかける。

3

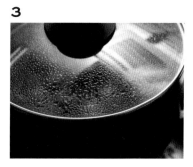

蓋をして強火で沸かす。
その間にアサリから水分が出てきます。

4

アサリの口が開いたら蓋をとり、水、サフランを加える。

5

沸騰させて火を止め、蓋をする。

6

10分間そのまま置いてサフランを蒸らし、だしに香りを移す。

パエリアを炊く

7

アサリとだしを分ける。味をみて、塩気が足りなければ、塩を加える。
目安は「すまし汁くらいの塩気」で。

8

フライパンにオリーブオイルをひき、玉ねぎ、にんにくを弱〜中火で炒める。

9

玉ねぎが透き通ったら鶏肉、赤と黄のパプリカ、塩、こしょうを加え、中火で炒める。

10

肉にほぼ火が通ったら米を加え、混ぜながら炒める。

米ひと粒ひと粒にオイルをからませるつもりで炒めます。足りなければオリーブオイルを追加してください。

11

米が透き通ったら、アサリのだしの2/3量を加える。

12

強火で加熱する。約3分間。

13

弱～中火にして、表面にエビ、（好みでその他のシーフード）を並べる。残りのだしを、液体量が均一になるようところどころから加える。

米の表面をだしがギリギリおおう水分量が必要です。だしが足りない場合は、水を足してください。

14

蓋をして、12分間炊く。

15

蓋を開けたところ（米に火が入り、まだ水分が少し残っている）。

この時点で米に芯が残ってまだかたければ、さらに数分間加熱します（炊き時間12～15分間が目安）。

16

7のアサリをのせ、蓋を開けたまま3分間、弱～中火で加熱して水分を飛ばす。

最後に水分を飛ばし、軽くお焦げをつけます。すでに調理済みのシーフードをトッピングする場合は、この仕上げ加熱時に加えて温めます。

盛りつけ：イタリアンパセリを散らし、オリーブオイルをかける。カットレモンをのせる。

即席ハヤシライス

こんなに手軽に!?ただし煮詰め方にコツ

赤ワイン、ウスターソース、ケチャップでつくるハヤシライス
です。とても簡単に本格風の味になるんですが、ただし調味料
の加え方・煮詰め方にちょっとしたコツがあります。たとえば
ウスターソースを加えたらギリギリに煮詰めてから小麦粉を加
える、ケチャップを加えたらギリギリまで煮詰めてから水を加
える……というように、ステップごとにしっかりと煮詰めて（＝
味を凝縮させて）から次を加えること。そうして少しずつうま
みを重ねると、デミグラス風のコクが生まれます。

材料	3〜4人分
牛ばら肉（スライス）...... 200g	
玉ねぎ（薄切り）...... 1個	
マッシュルーム 6個	
バター 30g	
赤ワイン ...... 100〜150ml	
ウスターソース ...... 大さじ 1.5	
薄力粉 ...... 大さじ 1/2	
ケチャップ ...... 大さじ 2.5	
水 100ml	
塩、こしょう ...... 各適量	

〔 その他 〕
ご飯、黒こしょう（粗挽き）
イタリアンパセリ（きざむ）

1

フライパンにバター約 20g を溶か
し、玉ねぎを中火で炒める。

2

しんなりしたらマッシュルームを加
え、炒める。さらに牛肉を入れ、表
面に焼き色がつくまで強火で手早く
炒める。

表面が焼き固まれば、赤い部分が残ってい
てもかまいません。

3

赤ワインを加え、強火で沸かしてア
ルコールを飛ばし、水分がなくなる
まで煮詰める。

赤ワインの量を多めにして煮詰めると「大
人の味」になります。

4

ウスターソースを加え、中火にして
ときどき混ぜながら煮詰めていく。

5

水分がほとんどなくなったら、薄力
粉を全体にふりかける。

6

手早く混ぜながら炒めて（またはフ
ライパンをあおりながら炒め）、薄
力粉に火を通す。

7

ケチャップを加え、混ぜながら 30
秒ほどかけて強火で炒める。

水を加える前に、ケチャップを軽く焦がす
くらいの気持ちで炒めて、うまみと香ばし
さを引き出します。

8

水を加え、中〜弱火で、しゃばしゃ
ば感がなくなってとろりとするまで
煮る。

9

最後にバター 10g を加え、弱火に
して鍋を揺すりながら全体に混ぜ溶
かす。味見して塩、こしょうで味を
ととのえ、火を止める。

盛りつけ：ご飯を皿に盛り、ハヤシのルウをかける。イタリアンパセリを散らす。

ドライカレー

スパイシーな大人カレー

家庭のドライカレーも、しょうがとにんにくが入ると「それっぽい」本格派の味になります。ポイントは、肉を炒める前に玉ねぎを焦げ茶色になるまで炒めておくことで、その甘みとうまみが、スパイシーさを支える「土台」になります。なおレシピは大人向きなので、子ども用に甘めに仕立てるならカレー粉を半量にして、ケチャップの量を増やしてください。

材料　　　　　　　　　　　3〜4人分

合挽き肉 300g

しょうが 大1かけ

にんにく 3かけ

玉ねぎ...... 1個

クミンシード 3g

サラダ油 大さじ3

トマト（角切り）...... 2個

カレー粉 20g

	中濃ソース 15g
A	ケチャップ 15g
	醤油 10g

水 ...... 150ml　塩 ...... 適量

ご飯

1

しょうが、にんにくをみじん切りにする。玉ねぎもみじん切りにする。

しょうがとにんにくの分量比は、約2対1。

2

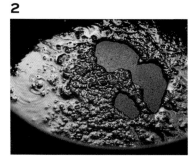

フライパンにサラダ油をひいてクミンシードを入れ、中火にかける。

スパイスの香りを熱で引き出す作業です。

3

クミンが焦げ茶に色づいたら、**1**、玉ねぎ、塩1つまみを加え、混ぜながら強火で炒める。

玉ねぎから出てくる水分を、強火で炒めて手早く飛ばします。

4

しっかりと色づくまで、混ぜながら中〜強火で炒め続ける。

焦げないようつきっきりで混ぜてください。

5

焦げ茶色に炒まった状態（炒めはじめから5〜7分後）。

6

合挽き肉を加えて火を強め、混ぜながら炒める。

7

肉に火が入ったらトマト、カレー粉、材料 **A**、水を加え、中〜強火で煮る。

8

水分がなくなったらでき上がり。

味見をして、辛すぎたら砂糖少量を加えて軽く火を入れてください。

盛りつけ：ご飯を皿に盛り、ドライカレーを添える。好みで目玉焼きをのせる。

鶏そぼろ丼

煮汁の水分を飛ばすだけ

鶏そぼろのいいところは、火入れに迷いポイントがないところ。
最初に挽き肉に調味料を十分に混ぜ込んだら、中火で加熱して
水分を飛ばすだけ。煮汁がなくなったときができ上がりです。
失敗知らずで、冷凍もできる、頼もしい料理です。子どもたち
の大好きな三色丼に仕立てました。

材料

〔鶏そぼろ〕

鶏挽き肉 200g

A
| 醤油 大さじ3
| みりん 大さじ2
| 酒 大さじ2
| 砂糖 大さじ2
| しょうがの搾り汁 1かけ分

サラダ油 ...... 適量

〔 炒り卵 〕

卵 2個

B ┃ みりん ...... 大さじ 1
　┃ 砂糖 ...... 大さじ 2/3
　┃ うすくち醤油 ...... 小さじ 1
　┃ （または塩 1 つまみ）

サラダ油 ...... 小さじ 2

〔 その他 〕

さやいんげん

きざみ海苔

ご飯

鶏そぼろ

1

ボウルに鶏挽き肉と材料 **A** を合わせ、よく混ぜる。

炒める前によく混ぜて、肉にしっかりと味をしみこませておきます。

2

鍋にサラダ油をひいて中火にかけ、**1** を入れる。底面が焼き固まるのをへらでほぐしながら炒める。

3

しだいに肉から水分が出てくる。混ぜながら炒めて、水分を飛ばす。

肉に均等に調味料の味を煮含めるためにも、「混ぜながら炒める」がポイントです。

4

表面に透明の液体（＝鶏の脂）が浮いてきたら、できあがり。

炒り卵

5

卵に材料 **B** を加え、箸でよく混ぜる。

6

小鍋にサラダ油をひき、中火にかけて **5** を流し入れ、へらで混ぜながら加熱する。

7

卵が固まってきてもあわてずに。混ぜながら炒め続け、ポロポロになったら火を止める。

青味のもの

8

さやいんげんを適宜の長さに切り、塩ゆでする。

盛りつけ： ごはんを茶碗によそい、鶏そぼろ、炒り卵、さやいんげんを盛る。きざみ海苔をのせる。

タコス

具材はなんでもあり

我が家でタコスをするときは、手巻き寿司みたいに具材をいろいろ用意して、めいめいが好きなサルサ（ソース）と一緒にトルティーヤに挟んでいます。こっちがおいしい、この組み合わせはイケる！　といつも大盛り上がり。フラワートルティーヤはスーパーでも買えますが、生地づくりが簡単で、しかもフライパンであっという間に焼けるので、それ自体が楽しいイベントです。焼きたてがおいしいですし。キャンプ料理にもぴったりです。

材料

〔**フラワートルティーヤ　15〜17枚分**〕
薄力粉 220g
サラダ油 大さじ1
塩 小さじ1/2
ぬるま湯（40℃程度）...... 110ml

〔**トマトサルサ**〕
赤玉ねぎ 1/4個
トマト 1個
（またはプチトマト　5〜6個）
きゅうり 1/3本

A
チリパウダー 小さじ1
塩 1つまみ
オリーブオイル 大さじ1
レモン汁 1/2個分

〔**具材**〕（例）
チリコンカルネ（p16）
ドライカレー（p110）
アボカドのカット
イタリアンパセリ

POINT
タコスにはどんな具が合う？

トルティーヤ＋具材＋サルサ（メキシカンソース）＝タコスです。具材に決まりはありません。肉系ならチリコンカルネ（p16＝左写真）、焼き豚（p30）、ステーキ（p32）、牛肉のラグーソース（p34）、ドライカレー（p110）あたりは確実！　魚ならフィッシュフライが鉄板ですが、南蛮漬けもいいし、ツナ缶やサバ缶も使えるかも…ただし生モノは合いません。豆や野菜や卵料理もあり。好きなものを挟んで、おいしいマイタコスを見つけてください。

トルティーヤ

1

ボウルに薄力粉、塩、サラダ油を合わせる。ぬるま湯を少しずつ加え、粉に混ぜてこねる。

2

生地がひとまとまりになったら、薄力粉で打ち粉をした台の上でしっかりとこねる。生地にツヤが出るまで。

3

生地をボウルに入れ、ラップフィルムをかけて 15 〜 30 間分休ませる。

こねたてはグルテンが強いので休ませます。写真は、生地が落ち着いて耳たぶくらいのやわらかさになっています。

4

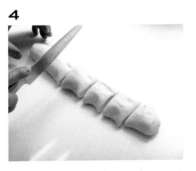

生地を転がしてのばし、1 個 20g くらいにカットする。

5

1 個の塊を指でつぶして扁平にし、台に置いて麺棒で円形にのばす。

餃子の皮くらいの薄さに。透けるほど薄いと扱いづらくなります。

6

フライパン（油はひかない）を中火にかける。十分に熱くなってから生地を置く。

ホットプレートでも焼けます。

7

生地が乾いて浮き上がってきたら裏返す。

8

表面がポコポコと膨らんできたら裏返す。適宜裏返しを繰り返して両面を均等に焼き、取り出す。

生地が浮いてしまう場合は、フライ返しでぎゅっと押さえつけるときれいに焼けます。

POINT

焼けたら食べるまで
布巾で包んで保温

トルティーヤはすぐに火が入りますが、フライパンだと 1 枚ずつしか焼けないので、何枚も焼く間に冷めないよう、食べるまで布巾で包んで保温しておきます。1 枚ずつ焼いては重ね、また包む。完全に冷めてしまったら、フライパンで温め直してください。

トマトサルサ

9

赤玉ねぎを粗みじんに切り、ボウルにとる。

普通の玉ねぎでもかまいません。辛みが強すぎる場合は、塩少々をふってよくもみ込み、水気をきって使います。

10

トマト、きゅうりを小角切りにして加える。

11

材料 **A** を加えてよく混ぜる。できれば 15 分ほど置いて、味をなじませる。

最後に味見して、塩気が足りなければ、補足します。

POINT

基本のトマトサルサ

サルサはソースという意味ですが、このサルサは「薬味」のようなもの。トマトのさわやかさと玉ねぎのシャキシャキ感が、どんな料理にも合い、おいしさを膨らませます。ほかのサルサ——たとえばホットチリソース、マヨネーズ、ワカモレディップ——と合い掛けにしても喧嘩せず、互いの個性を引き立てます。なお、辛いのが苦手ならチリパウダーの量を控えめにしてください。

食べ方：トルティーヤに具材（チリコンカルネまたはドライカレー）、アボカドのカット、トマトサルサ、イタリアンパセリをのせて挟み、ライム汁を搾りかける。

トッピング例

- ワカモレディップ（アボカドベースのソース）
- ホットチリソース
- マヨネーズ＋ホットチリソース（魚フライに合う）
- ハラペーニョの酢漬け（辛いのが好きなら！）
- カッテージチーズ
- トマトのカット
- 好みのハーブ（パクチーなど）

もやしそば

挽き肉でとる本格中華スープ

友人のシェフから中国の家庭風中華スープのとり方を教わりました。挽き肉でとるんですが、ほかにややこしい材料はいらないし、時間もかかりません。ナチュラルでしみじみとおいしく、自分でつくるとちょっと感動モノです。市販のスープの素に比べればもちろん材料費はかかりますが、ここぞというときに「スープから手づくり」してみませんか？

材料

〔 中華スープ　仕上がり約800ml 〕

A
- 合挽き肉 300g
- 鶏挽き肉 250g
- しょうが（厚めスライス）...... 1枚
- 長ねぎ（青い部分）...... 1本
- にんにく 2かけ

水 1L

酒 100ml

塩 小さじ1

〔 もやしそば　小椀2杯分 〕

しょうが（せん切り）...... 1かけ

サラダ油 大さじ1

豚挽き肉 150g

もやし 1/2袋

長ねぎ（斜め薄切り）...... 1/2本

中華スープ 300ml

片栗粉（2倍量の水でとく）...... 大さじ1/2

中華麺（ゆでる）...... 1玉

塩、黒（または白）こしょう ...... 各適宜

中華スープ

1

材料 **A** を鍋に入れる。

2

水、酒、塩を加えてざっと混ぜる。強火にかける。

3

沸騰したらアクを除き、弱火にする。ポコ、ポコと静かに沸いている状態を保って、30 分煮る。

味見して、十分にうまみが出ていたら火を止めます。

4

ボウルにザルをのせ、晒し布巾を敷き、鍋からスープを静かに注ぐ。

5

最後に布巾の口を箸などで挟んで絞り、スープをしっかりとこす。

うまみが十分にあるので「スープが主役」の料理にそのまま使えます。

もやしそば

6

鍋にサラダ油をひいて中火にかけ、しょうが、豚挽き肉の順に加えて炒める。

7

肉に焼き色がついたら、もやしを加えて炒め合わせる。

8

長ねぎを加え、スープを注ぐ。

9

沸騰したら、水溶き片栗粉を加えて軽くとろみをつける。塩で味をととのえて火を止める。

盛りつけ：ゆでて湯きりした中華麺を碗に盛り、もやし入りスープを注ぎ入れる。好みでこしょうをかける。

焼きそば

最初に麺を空焼きする

なんの変哲もないソース焼きそばですが、この方法なら、絶対
にべちゃっとせずに香ばしく仕上がります。ポイントは、最初
に麺を空焼きすること。あらかじめ麺をほぐして水分を飛ばし、
焼き目をつけておくんです。仕上げの炒めがスピーディーにな
り、誰がやってもいい感じに焼き上がります。

材料   1 人分

きゃべつ ...... 1/4 個

豚ばら肉（短冊切り）...... 100g

蒸し中華麺 ...... 1 玉

酒 ...... 大さじ 1

サラダ油 ...... 適量

塩、こしょう ...... 各適量

A | 醤油 ...... 大さじ 1.5
オイスターソース ...... 大さじ 1.5
中濃ソース ...... 大さじ 1.5

焙煎ごま油 ...... 小さじ 1

炒りごま

1

きゃべつは太めのせん切りにする。
豚ばら肉は短冊切りにしておく。

2

フライパンを中火にかけて熱し、
ざっとほぐした麺を入れる。箸でほ
ぐして広げながら炒める。

油はひきません。

3

麺が広がったら酒をふりかけ、ほぐ
しながら炒める。

酒で湿らせて麺をほぐします。酒の香りも
加わります。

4

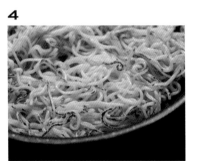

水分が飛んで軽くなり、麺に軽く焼
き目がついた状態。

5

いったん皿に取り出す。

6

フライパンにサラダ油をひいて中火
にかけ、豚ばら肉、塩少々、こしょ
う少々を加えて炒める。

7

肉に火が入ったら強火にして、きゃ
べつ、塩少々を加え、さらに炒める。

8

5 の麺を入れてざっと炒め合わせ、
材料 **A** を加えて手早く混ぜる。最
後に焙煎ごま油を加えてざっと混ぜ、
火を止める。

盛りつけ：皿に盛り、好みで炒りごまをふる。

フレンチトースト

卵の生地を最大限吸わせてフワフワに

ありきたりの食パンが、スフレみたいなフワッフワの食感になります。バゲットを使っても OK。ポイントはただひとつ、「卵の生地をパンに十分に吸わせること」です。レシピ内の「卵のとき方」「パンの浸し方」を参考にしてください。

材料

食パン（厚切り）...... 3 枚

卵 ...... 2 個

牛乳 300ml

砂糖 90g

バニラエッセンス ...... 5 〜 6 滴

バター ...... 適量

〔 トッピング 〕

A | 生クリーム 100ml
　 | 砂糖 ...... 小さじ 2

アーモンドスライス ...... 適量

はちみつ ...... 適量

1

卵をボウルに割り入れ、箸で30秒間ほど混ぜて、完全にコシを切る。

プルンとしたコシがあるとパンにしみ込まないので。なおその際、必ず箸かフォークで混ぜて、泡立て器は使いません（卵が空気を含むとパンにしみ込みにくいので）。

2

牛乳、砂糖、バニラエッセンスを加えて混ぜる。

3

生地をバットなどに流し、半分に切った食パンを浸す。途中、何度か裏返しながら、15分間以上つける。

食パンではなくバゲットを使う場合はより長時間つけます。前晩からつけておいても。

4

卵液を含ませたパンの状態。

5

フライパンにバターを入れて弱火にかける。バターが溶けたら**4**のパンをそっと置き、そのまま動かさずに焼く。

卵液をたっぷりと吸ったパンはくずれやすいので、ていねいに焼きます。焼きはじめたら表面が固まるまでは触らずに。

6

片面が焼けたら裏返し、同様に弱火で焼く。焼き時間の目安は、片面ずつ各2〜3分間。皿に盛り、ホイップクリーム、はちみつをかけ、アーモンドを散らす。

トッピングは粉糖、シナモンパウダー、ジャムなどお好みで。

トッピング

7

ホイップクリーム。材料**A**を合わせ、泡立て器で七分立てにして冷やす。

8

アーモンドスライスをフライパンで乾煎りする。

POINT

ふわふわ食パンがおすすめ

パンは食パンでもバゲットでも何でもOKですが、パンによって卵液の吸収量が異なります。個人的おすすめは「ダブルソフト食パン」。相当ふわふわなので、卵液をたっぷり吸ってくれます。なお、これはスイーツ系のレシピですが、食事用（ベーコンを添えるなど）とする場合は、砂糖の量を減らします。

ティラミス

ビスケットでつくる

最初に修業したお店でつくっていたティラミス。スポンジの代わりにビスケットでつくります。火を使わないのでお菓子ビギナーでも簡単な、コーヒー風味のデザートです。

材料　　　　　　　　　　　カップ 4 個分

卵黄 ...... 4 個分

砂糖 60g

生クリーム 120g

マスカルポーネ 220g

ビスケット ...... 6 〜 8 枚

A ｜ インスタントコーヒー ...... 大さじ 2
　｜ 砂糖 ...... 大さじ 2
　｜ 湯 120ml

ココアパウダー ...... 適量

1

ボウルに卵黄と砂糖を入れ、泡立て器で均一になるまで混ぜる。

2

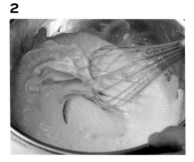

生クリームを加え、混ぜる。

3

マスカルポーネを加えて、泡立て器で混ぜ、ふんわりしたクリーム生地にする。

4

材料 A を合わせてよく混ぜ、ビスケットを浸す。

できるだけびしょびしょに浸します。なお、コーヒーが苦手な方や子ども向けにつくるなら、甘く淹れたココアに浸しても。

5

3 のクリームの 1/2 量を各カップに分け入れる。

6

クリームの表面に、**4** のビスケットを適宜に割ってできるだけ隙間なく並べる。

7

その上に残りのクリームを流し入れる。

8

表面をココアパウダーでおおう。冷蔵庫で冷やす。

パンケーキ

塩キャラメルのソースと

子どもと一緒につくるスイーツといえ
ば、昔も今もホットケーキ、つまりパ
ンケーキ。ごくオーソドックスなレシ
ピで、メープルシロップの代わりに塩
キャラメルのソースを添えました。バ
ナナと一緒に。

材料　　　　　　　　　　　　　　　　　　4人分

〔 **ホットケーキ生地** 〕

A
| 薄力粉 50g
| ベーキングパウダー 5g
| 牛乳 40g
| 卵黄 4個分

卵白 4個分

砂糖 50g

B
| コーンスターチ 15g
| レモン汁 5g
| バニラエッセンス ...... 少量

〔 **塩キャラメルソース** 〕

グラニュー糖 100g

水 30g

生クリーム 100g

バター（有塩）...... 15g

塩 ...... 少々

〔 **トッピング** 〕

バナナ

1 ボウルに材料 **A** を入れ、泡立て器で混ぜ合わせる。

2 別のボウルに卵白を入れ、砂糖を3回に分けて加えながら、泡立てる。ツノが立つほどのしっかりとしたメレンゲになったら、材料 **B** を加え混ぜる。

3 **1**に**2**を1/3量ずつ3回に分けて加え、泡をつぶさないようにさっくりと混ぜる。

4 テフロン加工のフライパンを温め、弱火にしてお玉1杯分の生地を流して焼く。上面に泡ができ、生地が固まってきたら裏返し、さらに約2分間焼く。

5 塩キャラメルのソースをつくる。鍋に砂糖を入れ、水を加えてしっかりと湿らせる。中火にかけて熱し、色づいてきたら弱火にする。

6 キャラメル色になったら火からはずして生クリームを加える。火にかけて沸騰直前でバターと塩を加え、火を止める。氷水に当てて急冷する。

米澤文雄
Fumio Yonezawa

1980年東京・浅草生まれ。東京のイタリア料理店で修業後、22歳でアメリカ・ニューヨークに渡り、インターンを経て三つ星レストラン「Jean-George」本店で日本人初のスーシェフとなる。帰国後は「ジャン・ジョルジュ東京」（六本木）の開業料理長、「The Burn」（青山）のエグゼクティブシェフなどを歴任し、'22年に自身の会社「NO CODE」を設立。サステナブルな食の未来をテーマとして、レストラン運営、食育、人材育成、商品開発やコンサルト業など、幅色い分野で活動する。著書に『ヴィーガン・レシピ』（柴田書店刊）。

MEN'S ホームクッキング
ビギナーでも、この1冊でおうちレストラン

初版印刷	2023年8月15日
初版発行	2023年8月30日
著者 ©	米澤文雄
発行者	丸山兼一
発行所	株式会社柴田書店
	郵便番号 113-8477
	東京都文京区湯島 3-26-9 イヤサカビル
	https://www.shibatashoten.co.jp
	営業部（注文・問合せ）03-5816-8282
	編集部　03-5816-8260

印刷・製本　公和印刷株式会社

ISBN 978-4-388-06370-3
©Fumio Yonezawa, 2023
Printed in Japan